Adolf Holl

Die unheilige Kirche

Adolf Holl

Die unheilige Kirche

Geschlecht und Gewalt in der Religion

Kreuz

Bibliografische Information der Deutschen Bibliothek
Die Deutsche Bibliothek verzeichnet diese Publikation in der Deutschen Nationalbibliografie; detaillierte bibliografische Daten sind im Internet über http://dnb.ddb.de abrufbar

Kreuz Verlag, Stuttgart
in der Verlagsgruppe Dornier GmbH
Postfach 80 06 69, 70506 Stuttgart

www.kreuzverlag.de
www.verlagsgruppe-dornier.de

Neuauflage des erstmals 1991 im Kreuz Verlag erschienenen Titels »Im Keller des Heiligtums«

Umschlagfoto: © Creatas
Umschlaggestaltung: Bergmoser + Höller Agentur, Aachen
Satz: de·te·pe, Aalen
Druck: Clausen & Bosse, Leck

ISBN 3-7831-2593-6
ISBN 978-3-7831-2593-1

Inhalt

1. Verbotene Zonen

Die religiöse Antwort auf Geschlechtlichkeit und Gewalt

> »Liebes Kind, ich habe eine große Reise vor, da, nimm die Schlüssel zu den dreizehn Türen des Himmelreichs in Verwahrung: Zwölf davon darfst du aufschließen und die Herrlichkeiten darin betrachten, aber die dreizehnte, wozu dieser kleine Schlüssel gehört, die ist dir verboten: Hüte dich, dass du sie nicht aufschließest, sonst wirst du unglücklich.«
>
> *Brüder Grimm, Deutsche Märchen, »Marienkind«*

Das Motiv des verbotenen Zimmers ist alt und weit verbreitet. Es findet sich in den Geschichten aus Tausendundeiner Nacht und dem Märchen vom schrecklichen Blaubart, der seine Frauen erschlägt. Nie behält in diesen Erzählungen die Autoritätsperson den Schlüssel zum gefährlichen Geheimnis bei sich, um jede Versuchung zur Übertretung des Verbots verlässlich auszuschließen; mit der Aushändigung des Schlüssels wird eine Falle aufgebaut, aus der kein Entrinnen ist. Stets wird den Angesprochenen die Unschuld genommen mit den wenigen Worten der furchtbaren Warnung, den verborgenen Ernst des Lebens ohne Erlaubnis ergründen zu wollen: Erkenntnisverlangen und Tod gehören zusammen.

Der Kern der Geschichten vom verbotenen Zimmer ist auch das Thema des vorliegenden Buches, in dem das religiöse Geschehen zur geschlechtlichen Lust und zur Gewalttätigkeit in Beziehung gesetzt wird. In der gebieterischen Stimme, die den Schlüssel zugleich gewährt und verpönt, wird man das Gemurmel urvordenklicher Bräuche vernehmen, die das Heiligtum gegen die Unbefugten abgrenzen, um ihnen dessen Verehrung von ferne umso nachdrücklicher zu befehlen. Nur die Geweihten, so wird man sehen, dürfen den Umgang mit jenen Instanzen pflegen, die im Dunkel des Allerheiligsten über Leben und Tod gebieten, bis der Bann eines Tages gebrochen ist und die Meute der Frevler den Tempel verwüstet und die Priester erschlägt.

Das »Marienkind« der Brüder Grimm verknüpft das Motiv des verbotenen Zimmers ganz ausdrücklich mit der Sphäre der Religion. Die Hauptperson des Märchens wird von den mittellosen Eltern im Alter von drei Jahren der Jungfrau Maria zur Pflege überlassen. Im himmlischen Palast, bei Zuckerbrot und guter Milch, umgeben von Englein, lebt das Kind wie eine Prinzessin. Mit vierzehn Jahren soll das Mädchen die Schlüsselprobe bestehen und wandert mit den Englein von Tür zu Tür, schließt jeden Tag eine auf, erblickt der Reihe nach die heiligen zwölf Apostel, prächtig auf ihren Thronen, und freut sich der kostbaren Wohnungen mit all ihrer Herrlichkeit.

Selbstverständlich kann es der Versuchung, auch die verbotene Tür zu öffnen, nicht widerstehen. »Es suchte den Schlüssel heraus, und als es ihn in der Hand hielt, steckte es ihn auch in das Schloss, und als es ihn hineingesteckt hatte, drehte es ihn auch um. Da sprang die Türe auf, und es sah die Dreieinigkeit in Feuer und Glanz sitzen. Es blieb ein Weilchen stehen und betrachtete alles mit Erstaunen, dann rührte es ein wenig mit dem Finger an den Glanz, da ward der Finger ganz golden. Alsbald empfand es eine gewaltige Angst, schlug die Türe heftig zu und lief fort.«

Hinter der verbotenen Tür warten nicht, wie im »Blaubart«, die Leichen erschlagener Frauen, sondern die drei göttlichen Personen des christlichen Glaubens, Vater, Sohn und Heiliger Geist. In der Kunst ist ihr Anblick immer wieder dargestellt worden, als »Gnadenstuhl« wie bei Dürer, auf Pestsäulen und über Hauseingängen, mit Erlaubnis der Obrigkeit. Ein Bilderverbot kann für das Tabu der dreizehnten Tür nicht verantwortlich sein.

Der entscheidende Hinweis für die Auslegung des Märchens ist mit der genauen Angabe des Alters verknüpft, in dem das Marienkind seine Prüfung zu bestehen hat: Mit vierzehn Jahren steht es an der Schwelle zum Frauenleben. Die zwölf Apostel, die es bewundern darf, wirken wie ein behutsames Arrangement zum Zweck des allmählichen Vertrautwerdens mit der Männerwelt. Die ist zunächst einmal recht prächtig und ohne Gefahr. Kein einziges Mal fühlt sich die Betrachterin versucht, den »Glanz« der Männerherrlichkeit mit dem Finger zu berühren. Das geschieht erst hinter der verbotenen Tür, und man fragt sich, was dort zu sehen war.

Die erotische Erfahrung verpflichtet uns im Prinzip zum Schweigen, hat Georges Bataille bemerkt in einer seiner Studien über das Verhältnis zwischen dem Heiligen, der Erotik und der Gewalt.[1] Und an einer anderen Stelle[2] hat er gesagt, dass auch die Gewalttätigkeit still ist. Wenn diese Beobachtungen stimmen, dann herrscht in den Grenzbereichen menschlicher Gesittung eine Sprachlosigkeit besonderer Art, ein Verstummen. In der Tat wird das Marienkind zur Strafe mit Stummheit geschlagen, und erst in der äußersten Todesgefahr lockert sich seine Zunge zum befreienden Geständnis.

Der moralisierende Schluss (»wer seine Sünde bereut und eingesteht, dem ist sie vergeben«) löst das Rätsel des verbotenen Zimmers mitnichten. Unerklärt bleibt, warum der Anblick der heiligsten Dreifaltigkeit dem jungen Mädchen verboten wird, und auch die Bedeutung des goldenen Fingers versteht sich nicht von selbst. Die weiblichen Erfahrungen, von denen das Märchen erzählt, kommen nur andeutungsweise zur Sprache.

Gegen die Unausdrücklichkeit der mündlich überlieferten Mythen und Märchen, der Heldenlieder, der Legenden und Prophezeiungen, Orakelsprüche und Wundergeschichten hat sich bereits im alten Griechenland ein (männliches) Bemühen gewendet, das heilige Dunkel des Überlieferten mit dem Licht der Vernunft aufzuklären, in schriftlicher Form, und seither stehen das philosophische und das wissenschaftliche Denken im Gegensatz zur Religion. Mit der Einführung der allgemeinen Schulpflicht wurde diese Auseinandersetzung schließlich in die Klassenzimmer getragen, und ein Zweifel darüber, wer in dem Kampf siegreich geblieben ist, dürfte sich im Atomzeitalter erübrigen.

Gleichwohl leben die religiösen Gebilde fort. Nicht nur in gotischen Kathedralen wird weiterhin Gottesdienst gefeiert. Überall auf der Welt baut man neue Kirchen, Moscheen, Synagogen und Tempel. Außerhalb der etablierten Glaubensgemeinschaften kommen Meditationskurse und Tranceseminare einem wachsenden Bedürfnis nach spiritueller Entgrenzung entgegen, nach esoterischem Wissen und mystischer Erfahrung. Diese Wiederkehr der Religion, wie sie bereits genannt wird, verläuft nicht überall so friedlich wie in den buddhistischen Studienzentren der westlichen Metropolen. Sie hat die Massen in Teheran auf die Straße gebracht und den Libanon in ein Schlachtfeld verwandelt. Anwar as Sadat und Indira Gandhi wurden von religiösen Fanatikern ermordet. In Deutschland probiert die Schuljugend satanistische Riten. Wer beim Wort Religion nur an Choralgesang, Friedhofskreuze und Weihnachtsglocken denkt, an Nächstenliebe und Bibellektüre, hat lediglich das Sonntagsgewand der Gottesverehrung kennen gelernt.

Auf der Schattenseite der Religion, zum Beispiel im Antisemitismus, sind immer noch und schon wieder Kräfte am Werk, die zu beachten unangenehm werden kann, trotz aller sexuellen und politischen Aufklärung. Soll man den Schlüssel zur dreizehnten Tür ins Schloss stecken?

Dass Geschlechtsleben und Gewalttätigkeit zusammengehören, weiß jeder Boulevardjournalist. Als tägliche Beimischung zum Nachrichtenbrei ist Sex & Crime unentbehrlich geworden, und auch die Hersteller der bewegten Bilder für den Massenkonsum kennen das unfehlbare Rezept zum Erfolg, das Publikum immer wieder an die Grenzen des Erlaubten heranzuführen. Obszönität und Grausamkeit variieren mit verschiedenen Mitteln ein einziges Thema: die Aufdeckung des nackten Fleisches.

Keinem Redakteur würde es einfallen, Sex & Crime mit Religion in Verbindung zu bringen. Zwischen Gangsterbräuten und

Klosterfrauen sind vertrauliche Umgangsformen schwer denkbar. Alle Weltreligionen sind von Haus aus prüde, und im Kampf gegen jedwede unkontrollierte Heftigkeit ist ihre Meisterschaft unübertroffen geblieben. Die Antwort der patriarchalen Religion auf Geschlechtlichkeit und Gewalt ist verneinend. Sie kommt von den Vätern, denen das Verbot auferlegt wurde, mit ihren Töchtern zu schlafen, und die sich daran gewöhnen mussten, vor dem Betreten des heiligen Bezirks ihre Waffen abzulegen.

Zu dieser Lage der Dinge steht der neuzeitliche Satanismus in einem starken Kontrast. Seine Antwort auf Geschlechtlichkeit und Gewalt ist blasphemisch bejahend: »Ich habe dem Kaninchen kurzerhand den Hals durchgeschnitten. Das Blut wurde in einer Opferschale aufgefangen und eine geweihte Hostie darin aufgelöst. Benno und ich durften das Blut aus der Opferschale allein für uns trinken. Dann haben wir vor aller Augen miteinander gevögelt«[3]. Ohne die gestohlene Hostie hätte das Ritual im Keller des anonymen Mietshauses einer deutschen Großstadt allenfalls gegen das Tierschutzgesetz verstoßen. Die Weihe des jungen Mädchens zur Satanspriesterin gewinnt erst durch die Einbeziehung eines gesellschaftsfähigen Andachtsgegenstandes ihre oppositionelle Kraft.

Was vor der Einweihung passiert ist, liest sich wie die Geschichte einer Deprogrammierung. Die Männer der Wohngemeinschaft, bei denen die Adeptin Unterricht nimmt, bestehen auf lieblose Umgangsformen. Hass ist das einzige ehrliche Gefühl, sagt einer von ihnen. Mit der Zeit verlernt Ricarda alle Zärtlichkeit, beim Liebesakt und im Verhalten gegenüber ihren Eltern und Schulfreundinnen. Stimuliert wird ihre Disposition zum Außer-sich-Sein, wenn die Kerzen flackern und Musik aus den Boxen dröhnt. Dann fühlt sie sich mit der satanischen Kraft verbunden, gerät ab und zu in eine Art Trance und glaubt fest an die Gegenwart des Teufels. Die Heftigkeit ihrer Minusreligiosität äußert sich in der Verhöhnung all dessen, was dem Christentum heilig ist – Brüderlichkeit, Sanftmut, Gesittung. Die Fratze im

Spiegelbild des zum Guten erzogenen Menschen protestiert gegen die Unterdrückung, die mit jeder Pädagogik, auch der christlichen, unvermeidlich einhergeht.

Solche Kunde aus dem Untergrund der Wohlstandsgesellschaft in den achtziger und neunziger Jahren beschwört die unerlösten Geister im Keller der behördlich anerkannten Gottesverehrung. Sie treiben ihr Unwesen zwischen den Buchdeckeln der schwarzen Romantik von de Sade bis Oscar Wilde, werden halbwegs Fleisch während der verstohlenen Arrangements satanistischer Zirkel und kommen gelegentlich sogar in die Zeitung wie im Jahr 1969, als ein gewisser Charles Manson mit 24 Mitgliedern seiner »Family« in Kalifornien von der Polizei geschnappt wurde. Manson (alias Jesus Christus alias Gott) hatte seinen Gefolgsleuten die Abschlachtung der Filmschauspielerin Sharon Tate befohlen und bekam dafür lebenslänglich Gefängnis. Manson identifizierte sich nicht nur mit Jesus Christus und Gott, sondern auch mit dem Satan.

Die Teufelsverehrung ist ebenso alt wie das Christentum und in gewissem Sinn dessen Negativkopie. Bereits im zweiten nachchristlichen Jahrhundert pflegten bestimmte Mysterienvereine (»Ophiten«) die Andacht zu jenem listigen Tier, das der Urmutter zugeredet hatte, vom verbotenen Baum im Garten Eden zu essen. Die Rechtgläubigen betrachteten die Paradiesesschlange stets als Verkörperung des Teufels, während sie von den Ketzern in Ehren gehalten wurde als Lehrmeisterin des Widerstands gegen den tyrannischen Himmelsvater. Ihre Aufforderung, den Schlüssel zum verbotenen Wissen zu benützen, ist immer wieder als erotischer Unternehmungsgeist gedeutet worden, als Wegweiser ins Reich der befreiten Sinnlichkeit.

Sakrale Enthemmung durch orgiastische und destruktive Riten während lästerlicher Messen gehört somit zum Standardrepertoire satanistischer Konventikel, zumindest in der Fantasie ihrer Gegner. Im Vergleich zu den kollektiven Exzessen der christlich getauften Völker (Kreuzzüge, Ketzerjagd und Hexenverfolgung, Judenvernichtung) erscheinen allerdings die heimlichen Veranstaltungen der Teufelsgläubigkeit eher wie ein trotziges Spiel unartiger Kinder. Die Zelebranten schlachten Hunde, Hasen, Hühner und Ziegen, hantieren mit Urin und Sperma, entzünden schwarze Kerzen neben dem Körper einer nackten Frau, beten zum Herrn der Finsternis. Man versammelt sich gerne auf Friedhöfen zur mitternächtlichen Stunde, um Verbindung mit Luzifer aufzunehmen. Gelegentlich ist auch ein Pressefotograf mit von der Partie.

Deutlich wird bei alledem, wie lebhaft jene Wünsche geblieben sind, die von der Mutter Kirche ins dreizehnte Zimmer gesperrt wurden. Mit der Wiederkehr der Religion tauchen deren verdrängte Obsessionen abermals auf, ruchlos und verführerisch wie der Teufel.

In der Märchenwelt, die als Einstieg ins Thema gewählt wurde, ist die Zeitlichkeit suspendiert. Kinder und Frauen, als Material des geschichtlichen Prozesses, stehen ewig vor der verbotenen Tür, in der Hand halten sie den verhängnisvollen Schlüssel. Ihr Problem ist so alt wie die ältesten Erinnerungen der Menschheit und so neu wie die letzte Meldung im Lokalteil der Tageszeitung über misshandelte Gattinnen.

Demgegenüber beschreibt die offizielle Lesart den Gang der Menschheitsgeschichte als sinnvolle Handlung, deren Fortgang jene Unterscheidungen zwischen primitiven und zivilisierten Lebensformen, zwischen Altertum, Mittelalter und Neuzeit möglich macht, die für jeden Schulunterricht selbstverständlich sind. Auch in der Darstellung der Religionsgeschichte hat man sich an die Annahme von Entwicklungen gewöhnt, die von schamanistischen Anfängen über die Vielgötterei zu den Errungenschaften des Eingottglaubens führen. Nach Auschwitz hat die offizielle Lesart ihre Glaubwürdigkeit weitgehend verloren.

Die moderne Variante der Märchenwelt heißt Tiefenpsychologie. Unter ihren bekanntesten Meistern ist es vor allem Carl Gustav Jung (1875–1961) gewesen, der im seelischen Unterbewusstsein bürgerlicher Industriemenschen jene Traumgestalten entdeckte, die er Archetypen nannte und von denen er annahm, dass sie sich im Lauf der letzten zehntausend Jahre nicht wesentlich geändert haben. Als Sohn eines evangelischen Pfarrers war Jung in frommer Umgebung aufgewachsen und blieb sein ganzes Leben lang an Religionsfragen interessiert, insbesondere am »anderen Pol der Welt«, der Schattenseite Gottes, deren Erforschung seine ausgedehnten Studien auf dem Gebiet der Alchemie, der Gnosis und Kabbalistik galten. Jung war ein Okkultist, was ihn mit Sigmund Freud in Konflikt brachte, mit dem er eine Zeit lang befreundet war. Freud verglich die »religiösen Märchen«, wie er sie nannte, mit Kinderneurosen, von denen sich die Menschheit befreien würde. Er glaubte an den Fortschritt. Jung dagegen suchte die Tiefe der Zeiten, den Grund aller Dinge, wo die Träume seiner Patienten mit den Vorstellungen des tibetischen Totenbuchs korrespondierten, in einem kollektiven Unterbewussten, das universell und im Prinzip unveränderlich war.

Der aus Prag stammende Nervenarzt Stanislav Grof hat die zeitlose Welt der urtümlichen Visionen, Symbole und Gefühlsweisen in eine Ordnung gebracht, die den Phasen des Entbindungsvorgangs entspricht. Grof arbeitete zunächst mit LSD und später mit Hyperventilation (beschleunigtem Atem), um seinen Patienten den Zugang zu jenen Bewusstseinswelten zu erleichtern, in denen die Märchen und Mythen beheimatet sind. In der Trance-Therapie Grofs wird das Geburtsgeschehen wieder erlebt, vom ozeanischen Schweben der Leibesfrucht im Mutterleib über die Schreckensvorstellungen beim Herausgepresstwerden bis zum leuchtenden Glück des ersten Augenblicks.

In diesem Repertoire finden sich viele Inhalte religiöser Art – Himmel und Höllen, Engel und Dämonen, blutige Opferhandlungen, Fruchtbarkeitsorgien, Erleuchtungserlebnisse, Verschmelzungsekstasen. Im Nacherleben der Phase, die der Entbindung unmittelbar vorausgeht, also der für den Fötus unangenehmsten, mischen sich sexuelle, gewalttätige und religiöse Vorstellungen in einem Gefühlsdurcheinander von Lust und Schmerz, etwa beim Anblick des gekreuzigten Christus. Ist es das, was sich hinter der dreizehnten Tür verbirgt?

Sieht man genauer hin, dann erkennt man im imaginären Museum der Tiefenpsychologie neben den elementaren und universellen Erlebnisqualitäten (wie z.B. Angstlust) auch solche Inhalte, die kulturell und damit raumzeitlich determiniert sind (wie z.B. der Gekreuzigte). Miteinander, in der Verbindung von zeitlosen und historisch bedingten Realitäten, vereinigen sich die spontanen und die kulturellen Momente zu Arrangements, deren wechselvolle Konfigurationen in Asien anders aussehen als in Europa oder Afrika. Überall gibt es verbotene Türen. Ihr Geheimnis aber hat die verschiedensten Namen.

»Die elementaren Formen des religiösen Lebens«, wie sie der französische Soziologe Emile Durkheim (1858–1917) in seinem zum Klassiker gewordenen Buch beschreibt, sind so alt wie die Menschheit. Sie lassen sich unter den heute noch lebenden Sammlerinnen und Jägern antreffen, den so genannten Wildbeutern, und die gibt es seit fünf Millionen Jahren. Wer sich für Religion interessiert, wird häufig in die vorgeschichtliche Abteilung der Humanwissenschaften geleitet, wo die archäologischen und völkerkundlichen Spuren des urtümlichsten Menschenwesens gesichert werden, die Venus von Willendorf und die Zeremonien der Buschmänner. So wird dann die Frage nach dem religiösen Leben zu einer Suche nach der verlorenen Zeit der allerersten Anfänge, ob in der Form frühgeschichtlicher Forschung oder als psychotherapeutisch organisierte Rückkehr zur eigenen Geburt. Je tiefer der Haken am Ende der Angel sinkt, desto dunkler wird freilich das Wasser, und was schließlich hervorkommt, erweist sich gelegentlich als alter Stiefel. Bekanntlich feierte Carl Gustav Jung im Jahr 1934 die Nazi-Bewegung als schicksalhafte Aufwallung der germanischen Kollektivseele unter dem Einfluss Wotans, des Sturmgottes aus vorchristlichen Tagen. Das arische

Unbewusste habe wegen seiner barbarischen Jugendlichkeit ein höheres Potential als das jüdische, fügte Jung zur Klarstellung im »Zentralblatt für Psychotherapie« hinzu.

In der Tat pflegt sich das Interesse am Religiösen, wegen seiner tendenziellen Orientierung am Vergangenen, gern mit politisch konservativen Haltungen zu verschwistern. Wenn es nach den christlichen, islamischen, jüdischen, hinduistischen Fundamentalisten ginge, wären die Gefängnisse voll und die Bordelle leer, hätten die Männer ihre Freude am Waffendienst und die Frauen ihr Glück am häuslichen Herd, und der Staatspräsident müsste ein Theologiedoktorat haben. Die bürgerlichen Freiheiten blieben im theokratischen Gefüge suspendiert. Religion und Modernität stünden zueinander in einem höchst misstrauischen Verhältnis, wie beispielsweise in Saudi-Arabien. Der Schlüssel zur dreizehnten Tür läge im Safe der höchsten geistlichen Instanz, für immer.

Ein frischer Blick auf den religiösen Eifer wird sich demgegenüber vom eigenartigen Reiz der moosbedeckten Opferaltäre von einst nicht verwirren lassen. Er wird, neugierig wie ein Kind, die vertrauten und die fremden, die ehrwürdigen und die wüsten Formen menschlicher Verehrungsbereitschaft mustern, mit deren Hilfe die Lebenden das Einvernehmen mit den Toten pflegten und die Götter gnädig stimmten. Er wird sehen, dass Religion nur ein mehr oder weniger zufälliges Wort für eine äußerste Anstrengung ist, sich mit Mächten zu arrangieren, die gern im Verborgenen bleiben.

Seit der Erfindung der Düsenflugzeuge und des Fernsehens wird der Blick auf das religiöse Erbe der Menschheit immer zerstreuter. Nacheinander, nebeneinander, durcheinander erscheinen auf den Netzhäuten der Touristen und TV-Konsumenten thailändische Tempeltänzerinnen, Höhlenmalereien von Steinzeitjägern, päpstliche Hochämter, tibetische Mönche. Die kommentierenden Stimmen erzählen Geschichten, nennen Jahreszahlen und Namen, die man schnell wieder vergisst. Der

Schlüssel zur dreizehnten Tür ist zum Massenartikel geworden in den Ländern ab 8000 US-Dollar Brutto-Sozialprodukt je Kopf der Bevölkerung.

Oberhalb dieser Schwelle, etwa in den 24 OECD-Ländern, ist der religiöse Faktor aus dem Zentrum des politischen, wirtschaftlichen und sozialen Geschehens an die Peripherie gerückt, hat er sich zu einem Teilbereich des Gesellschaftssystems organisiert, neben anderen – und einflussreicheren – Subsystemen.[4] Im Vergleich zu den Geldmengen, die vom Sport, von der Unterhaltungsindustrie und vom Tourismus bewegt werden, figuriert Religion in den westlichen Industrienationen als armer Verwandter.

Gleichzeitig ist damit wahr geworden, dass die reichsten Länder der Welt über keine Instanz mehr verfügen, die ihr Tun und Lassen außerweltlich sanktioniert. Gesellschaftswissenschaftlich gesehen, fungiert Religion in ihnen als Erinnerung an Verhältnisse, die im Jenseits verankert waren – mikrosoziologisch (Geschlechtlichkeit, Verwandtschaft, Ehe, Sozialisation) und makrosoziologisch (Gewaltmonopol, Recht). Die Inschrift auf den Dollarnoten der USA (»In God we trust«) ist nicht viel mehr als eine Reminiszenz. Geschlecht, Gewalt, Religion sind in den führenden Wirtschaftsnationen zu getrennten Sphären geworden, zum ersten Mal in der Geschichte der Menschheit. Mit dem Sieg des kapitalistischen Paradigmas haben die höheren Mächte nur noch den Status von Minderheiten.

In den folgenden Kapiteln dürfen sie sich wieder zu Wort melden, aus einem Kontinuum, das sich vom Ende der letzten Eiszeit bis zur Gegenwart erstreckt. Mit der Reihenfolge der Darstellung ist kein Gedanke an Höherentwicklung oder Fortschritt verknüpft; in ihr wird lediglich die Ordnung zeitlicher Abfolgen berücksichtigt: die Entstehung der königlichen und priesterlichen Gewalten im bäuerlichen Universum (Kapitel 2 bis 4) und die Reaktionsbildungen gegen die bereits vorhandene Despotie (Kapitel 5 bis 7). Die Kapitel 8 und 9 sind ein Tribut an das böseste Jahrhundert der Menschheitsgeschichte, und zuletzt kommt die Magna Mater wieder zum Vorschein, wie vor zehntausend Jahren.

Dabei soll sich zeigen, wie allgegenwärtig religiöse Orientierungen sein können, nicht nur im bäuerlichen Indien. Auch die heutige Drogenszene steht vor der dreizehnten Tür. Jede Woche wird irgendwo auf der Welt ein neuer Glaubensverein gegründet, ein spirituelles Institut eingerichtet, ein Treffen für Sinnsuchende veranstaltet. Was dabei abläuft, ist von den exemplarischen Vorgängen religiöser Gemeinschaftsbildung aus vorkapitalistischen Verhältnissen gar nicht so weit entfernt. Verwandtschaften werden sichtbar – zwischen spätantiken Mysterienkulten und kalifornischen Channeling-Sitzungen, mittelalterlicher Armutsbewegung und ökologischem Protest. Deshalb können die Kapitel 2 bis 7 auch als Versuch gelesen werden, die religiöse Vielfalt typologisch zu arrangieren, also ihre maßgeblichen Organisationsformen vorzuführen – als Hierarchie, als Gemeinde, als Klosterfamilie, als Ketzerverein. So werden die Toten zum Reden gebracht. Ihre Wünsche erwachen zu neuem Leben, mit dem Schlüssel zur dreizehnten Tür in der Hand.

Wer ihn benützen möchte, wird die Erfahrung machen, dass Religion von innen anders aussieht als von außen betrachtet. Ein türkischer Derwisch hat seine Heimat im Islam, während der Orientalist aus Chicago, der ein Buch über das Derwischtum schreibt, Agnostiker bleiben kann. Der wissenschaftliche Blick ist zur Kühle verpflichtet. Besucher aus der Fremde betreten den Tempel stets als Beobachter; erst wenn sie in die Knie sinken, gehören sie zu den Andächtigen. Die Frommen ihrerseits pflegen gegen neugierige Augen misstrauisch zu bleiben, wie in Mekka, das für die Ungläubigen verboten ist. Religiosität erkennt man daran, dass sie etwas zu verbergen hat. Sogar in der allgemeinen Geschwätzigkeit der Informationsgesellschaft stoßen Fragen nach religiösen Einstellungen immer noch auf Widerstand, das wissen Meinungsforscher und Religionssoziologen recht genau, und zur Strafe für ihre Zudringlichkeit fallen die Ergebnisse ihrer Mühe häufig recht mager aus.

Zu beherzigen bleibt deshalb, was in den Märchen vom verbotenen Zimmer wie ein Wink erscheint, wenn in ihnen ausdrücklich von einem kleinen Schlüssel die Rede ist, der in das letzte Schloss passt. Beinahe hätte man ihn übersehen unter all den gewöhnlichen Schlüsseln. In der Unscheinbarkeit liegt seine Macht.

2. Bäuerliche Frömmigkeit

Fruchtbarkeit, Magie, weibliche Kräfte

> »Das bäuerliche Universum (zu dem auch die subproletarischen städtischen Kulturen gehören, ebenso wie bis vor wenigen Jahren die Kultur der Arbeiterminoritäten – denn das waren Minoritäten wie in Russland 1917) ist transnational: es erkennt Nationen nicht einmal an. Es ist der Überrest einer vorhergehenden Kultur … Es ist diese grenzenlose, vornationale und vorindustrielle bäuerliche Welt, die bis vor wenigen Jahren überlebt hat, der ich nachtrauere (nicht umsonst weile ich so lange wie möglich in den Ländern der Dritten Welt, in denen sie noch überlebt, obgleich auch die Dritte Welt nun in die Bahn der sogenannten Entwicklung eintritt).«
>
> *Pier Paolo Pasolini, Freibeuterschriften, Berlin, 1978, 45*

Priesterwesen und Tempelkultur, Königswürde, Prophetenzorn und bürgerliche Revolten gegen Adel und Klerus, Reformeifer unter Ketzern und Sekten, Gruppendynamiken ekstatischer Art – all diese religiösen Erscheinungen haben ein Ambiente zur Voraussetzung, dessen Geschäftigkeit in starkem Gegensatz zum Landleben steht, aus dem es gleichwohl seinen Nachschub bezieht. Mohammed und Jesus, auch der Buddha waren (land)städtisch geprägt, die jüdischen Propheten agitierten auf den Marktplätzen Palästinas, der Papst wählte Rom zu seiner Residenz, der Dalai Lama regierte in Lhasa.

Das »bäuerliche Universum«, das nunmehr betreten werden soll, befand sich im Vergleich zur städtischen Welt sozusagen außerhalb jener Geschichte, die als Unterrichtsfach an den Schulen erzählt wird. Pier Paolo Pasolini (gestorben 1975), der italienische Filmregisseur und Schriftsteller, musste wegen seiner Homosexualität, wie er selbst schrieb, in jene andere Welt dringen,

»die Welt der Bauern, die Welt des Subproletariats, und die Welt der Arbeiter«[5] in den Vorstädten Roms, wo er Liebe suchte und seine Beobachtungen machte unter den jungen Männern, die vom Land in die Großstadt gekommen waren. Pasolini konstatierte die Zerstörung des bäuerlichen Universums, weil er mit ansehen musste, wie die buntscheckige regionale Kultur Italiens unter den Konsumzwängen der Jahre nach 1945 zusammenbrach, wie die sprachliche Vielfalt der lokalen Dialekte und Sondersprachen, deren Witz und Einfallsreichtum er kannte und studierte, verschwand und einer Uniformität Platz machte, die ihm ohne Inhalt erschien.

»Bis auf den heutigen Tag hatte die Kirche ihren eigentlichen Platz in einer bäuerlichen Welt, die dem Christentum das einzig Spezifische nahm, das es von allen anderen Religionen unterscheidet: nämlich Christus. In der bäuerlichen Welt wurde Christus zu einem der tausend Götter vom Schlag eines Adonis oder einer Proserpina, die bereits da waren und die keine reale Zeit, d. h. keine Geschichte kannten. Die Zeit jener bäuerlichen Götter war eine ›heilige‹ oder ›liturgische‹ Zeit, deren Sinn in ihrem zyklischen Ablauf, in ihrer ewigen Wiederkehr lag ... Christus dagegen hat sich für die ›unilineare‹ Zeit entschieden, d. h. für das, was wir Geschichte nennen. Er durchbrach die zyklische Struktur der alten Religionen und sprach von einem ›Ende‹, nicht von ›Wiederkehr‹. Dennoch, so wiederhole ich, ist Christus in der bäuerlichen Welt zwei Jahrtausende lang stets den überkommenen mythischen Vorbildern angepasst worden ... Heute jedoch ist die Religion mit einem Schlage aus den ländlichen Gebieten verschwunden ... Der Konsumismus und die zunehmende Ausbreitung des tertiären Sektors haben in Italien die ländlichen Gebiete zerstört und sind dabei, sie in der ganzen Welt zu zerstören ... Wenn die Kirche überleben will, dann bleibt ihr nichts übrig, als ihrer Macht zu entsagen und sich jener – von ihr stets gehassten – Kultur zuzuwenden, die von ihrem Wesen her freiheitlich, nichtautoritär, widersprüchlich, skandalös und in ständiger Entwicklung ist.«[6]

Die in Lateinamerika seit 1970 entstandene Befreiungstheologie war in ihren Grundzügen bereits konzipiert, als Pasolini seine Diagnose stellte. Diese »Theologie der Befreiung« beruft sich in der Tat auf jene prophetisch-rebellischen Motive der Bibel, die der Nazarener aufnahm und die der städtischen, nicht der bäuerlichen Kultur angehören.

Aber das bäuerliche Erbe im Christentum ist nicht per Dekret zu beseitigen, ebenso wenig wie in der religiösen Kultur Indiens oder der islamischen Länder. Es regt sich in den katholischen Marienerscheinungen der letzten 150 Jahre ebenso wie unter jüdischen, christlichen, islamischen Fundamentalisten, die für die traditionelle Familien- und Geschlechtsmoral kämpfen, gegen das Lustprinzip und die Permissivität der Verbrauchergesellschaft kapitalistischer Art.

Pasolini, als Marxist und Intellektueller von Haus aus antiklerikal eingestellt, sah sich am Beginn der siebziger Jahre veranlasst, gegen den konsumeristischen Hedonismus und die sexuelle Freizügigkeit als eine neue Form kapitalistischer Tyrannei zu polemisieren. Die Geistlichkeit im katholischen Italien redete, wenn auch aus anderen Gründen, recht ähnlich.

Der folgende Streifzug durch das bäuerliche Universum, unter dem Gesichtspunkt der Familien- und Geschlechtsmoral religiös fundierter Art, wird einen Wertkonservatismus zutage fördern, dessen Bejahung oder Verneinung einen aktuell politischen Stellenwert hat, wie die Polemik Pasolinis zeigt.

Die fatalistische Grundierung des bäuerlichen Lebensgefühls hat im ersten Buch der Bibel einen exemplarischen Ausdruck gefunden: »Verflucht sei der Erdboden um deinetwillen. Unter Mühsal sollst du dich von ihm ernähren alle Tage deines Lebens. Dornen und Disteln soll er dir wachsen lassen. Das Kraut des Feldes musst du essen. Im Schweiße deines Angesichtes sollst du dein Brot essen, bis du zum Erdboden zurückkehrst, von dem du genommen bist. Denn Staub bist du, und zum Staub musst du zurückkehren.« (Genesis 3, 17–19)

Das alte Israel, aus dem der Text stammt – er wurde wahrscheinlich im zehnten vorchristlichen Jahrhundert niedergeschrieben –, war eine Bauerngesellschaft westsemitischer Herkunft, deren Vorfahren als Hirtennomaden gelebt hatten, ehe sie in das Gebiet Palästinas eindrangen. Das Heiligtum ihres Gottes JHWH (Jahu oder Jahwe) war ursprünglich transportabel gewesen (die so genannte Bundeslade). Die biblische Gottesvorstellung ist also ihrer Herkunft nach nicht bäuerlich, sondern nomadisch. Die Errichtung des ersten Jahu-Tempels in Jerusalem unter König David (1004–965 v. Chr.) markierte den Abschluss der Sesshaftwerdung und den Beginn der monarchischen Verfassung, die für die meisten bäuerlichen Gesellschaften in den von der Geschichtswissenschaft erforschten Zeiten kennzeichnend ist.

Vom Beginn der so genannten Landnahme durch die westsemitischen Stämme ab 1300 v. Chr. in Palästina (oder Kanaan, wie es damals hieß), aus denen später das Volk der Juden wurde, bis zur Konsolidierung des Jahwe-Kultes in dem kleinen Land vergingen rund tausend Jahre, in denen der Wüstengott mit den eingesessenen agrarischen Gottheiten um die Oberhoheit streiten musste.

Jahrhunderte lang eiferten die Propheten gegen die bäuerliche Fruchtbarkeitsreligion, gegen Tempelprostitution und ausgelassenes Treiben zur Zeit des Erntedanks und der Schafschur. Die Konkurrenz Jahwes hieß Baal (männlich), Aschera oder Astarte (weiblich) und hatte ihre Heiligtümer überall auf dem Land, mit Dorfpriestern wie im heutigen Indien. Beliebt waren Devotionalien, die gegen den bösen Blick und sonstige schädliche Kräfte halfen.

Die Nacktheit der weiblichen Gottheitsfiguren wird von der (männlichen) Fachwelt gerne unter der Überschrift »Fruchtbarkeitszauber« abgehandelt. Tatsächlich lässt sich in den Ländern um das Mittelmeer der Kult einer »Großen Mutter« nachweisen, archäologisch und in schriftlichen Quellen, unter wechselnden

Namen (Isis, Kybele, Demeter, Diana), deren Verehrung den landwirtschaftlichen Jahreszyklus zwischen Aussaat und Ernte begleitete.

»Auf dem säuberlich gefegten Dreschplatz hocken die Bauersfrauen. Sie sind schwarz gekleidet, und jede hat eine Sichel vor sich liegen. Im Zentrum des Kreises stehen die Körbe mit dem Saatgut. Wir befinden uns im alten Griechenland, irgendwann zwischen 5000 und 2000 vor Christi Geburt, in der Gegend des heutigen Elefsis. Die Bauersfrauen sind mit der Ernte zufrieden, und sie haben ein schlechtes Gewissen wegen des gewaltsam abgeschnittenen Korns. Vorsichtshalber beklagen und beweinen sie das getötete Korn, das sich in den Saatkörben befindet. Ein zärtlicher, besänftigender Singsang, in welchem das Saatgut zum Kornmädchen wird, das muss jetzt hinunter in die Erde, bis zum Herbst: Dass du uns ja nicht da drunten bleibst, für immer! Die Bangigkeit vor der Dürre des Sommers. Wenn die Dürre länger währt als der Sommer, dann muss man hungern. Die unverheirateten Bauernmädchen tanzen einen langsamen Reigen, wie bei einem Begräbnis. Dann werden die Körbe mit dem Saatgut in die Erde versenkt.«[7]

Diese freie Rekonstruktion der Ursprünge des antiken Kultes in Eleusis (heute Elefsis) bei Athen stützt sich auf mythologische und wirtschaftsgeschichtliche Informationen aus dem alten Griechenland, die sich auf die Verehrung des Kornmädchens Kore (auch: Persephone) und ihrer Mutter Demeter beziehen. Im Mai und Juni, nach der Getreideernte, wurde das Saatgut in die Erde vergraben (»kathodos« – der Weg nach unten); im Herbst wurde es heraufgeholt (»anhodos« – der Weg nach oben) und ausgesät. Diesen beiden Einschnitten im bäuerlichen Jahr entspricht die Göttergeschichte (Mythe) vom Kornmädchen, das vom Totenkönig geraubt und in die Unterwelt gebracht wird, woraufhin alle Blumen auf der Erde verwelken. Der Gott Hermes verhandelt deshalb mit den Unterirdischen und macht sie darauf aufmerksam, dass beim Andauern der Dürre alle Menschen sterben müssten und der Hades zu klein für all die Toten wäre. Der Herr der Unterwelt hat ein Einsehen und lässt das Mädchen unter der Bedingung frei, dass es vom Juni bis zum September zu ihm hinabsteigen müsse. Die jahreszeitlichen Feste, in deren Mittelpunkt die beiden weiblichen Gottheiten (Kore und Demeter) standen, waren Frauenfeste, die das götterweltliche Geschehen zelebrierten und sich seiner Dauerhaftigkeit vergewisserten.[8] Wie verbreitet die bäuerliche Auffassung vom weiblichen Charakter der Feldfrüchte ist (war), lässt sich zum Beispiel bei den Pueblo-Indianern erfahren, die eine »Maismutter« kennen. Viele indianische Pflanzervölker unterscheiden wie die alten Griechen zwischen Mutter und Tochter, wenn sie ihre jahreszeitlichen Zeremonien feiern.[9] Durchweg ist es die Tochter, die während der jährlichen Dürreperiode verschwindet; sie verkörpert die aufsprießende Saat, ihre Mutter dagegen die schnittreife Frucht.

Weibliche und männliche Gottheiten, das darf festgehalten werden, kennzeichnen die religiöse Welt des bäuerlichen Universums in einer Weise, die von den biblischen Religionen (Judentum, Christentum, Islam) nur zum Teil mit Erfolg bekämpft wurde. Was die christliche Welt anlangt, so hat sich in ihr die bäuerliche Götterwelt durchaus erhalten. Die »Große Mutter« des Mittelmeerraums lebte als Mutter Gottes fort, die für die verschiedensten Nöte zuständigen Hilfsgottheiten schlüpften in das Gewand der christlichen Schutzpatrone, die alten jahreszeitlichen Feste behielten ihre urtümlichen Inhalte auch nach ihrer Christianisierung, unter den Fundamenten der Kirchen und Kapellen rumorten die »heidnischen« Kräfte munter fort. In einem katholischen Dorf auf Sizilien findet der geschulte Blick religiöse Muster, die er auch in Indien oder Afrika wahrnimmt.

Der Choreographie der weiblichen und männlichen Elemente im götterweltlichen Raum bäuerlicher Art entspricht im dörflichen Diesseits die »asymmetrische Komplementarität« der beiden Geschlechter, wie Ivan Illich in seinem anregenden und umstrittenen Buch »Genus« die Sache genannt hat: »In den etruskischen Ländern Mittelitaliens wird für Domus (= Haus im umfassenden Sinn) als zentrale historische Einheit und für die Schutzgötter dieses Hauses ein lateinisches Wort gebraucht: die Laren. Sie sind alte Götter, deren Geschlecht, Phallus oder Vulva, deutlich sichtbar war. Miteinander beschützten sie die Grenzen des gemeinsamen Lebensraumes. Sie wurden herkömmlicherweise an Kreuzwegen verehrt, ihre Abbilder aber über dem Herd aufgestellt. Sie werden am Tage verehrt, weil sie die Ordnung des Hauses wahren, obwohl sie von unten kommen, aus der Erde, wo die Toten liegen. Das ganze Haus, die häusliche Einrichtung um den Herd herum mit Grund und Boden, wird ebenso ›lar‹ genannt.«[10]

Illich polemisiert gegen eine Sicht der Dinge, die »mit weinerlicher Selbstverständlichkeit« den Gang der Menschheit seit dem Neolithikum mit Frauenunterdrückung gleichsetzt.[11] In Wirklichkeit handle es sich dabei um die Rückprojektion industriezeitlicher Machtbegriffe auf vergangene Kräfteverhältnisse. Die Vorstellung, Dominanz der Männer sei als universale Erscheinung generalisierbar, beruhe auf männlich orientierten Definitionen,[12] nämlich der Einengung des Blicks auf die öffentlich wahrnehmbaren Sphären männlicher Dominanz. Der in den letzten zwanzig Jahren in Schwung gekommenen Kritik am Patriarchat setzt Illich seine Analyse des Verhältnisses von Männern und Frauen in den vorindustriellen Gesellschaften entgegen, das nach seiner Auffassung als ungleichgewichtiges Aufeinanderbezogensein der männlichen und weiblichen Lebenswelten (und Erlebniswelten) darzustellen ist,[13] vergleichbar dem Verhältnis von rechter und linker Hand beim Arbeiten.

Diese These von Illich klärt die bäuerlichen Religionsverhältnisse insofern, als sie das götterweltliche Dual männlich/weiblich im agrarischen Jenseits zu den diesseitigen dörflichen Produktionsverhältnissen in Beziehung setzt. Es gibt in der Tat keine genuin bäuerliche Religion, die monotheistisch wäre. Die bäuerlichen Polytheismen präsentieren auf der ganzen Welt Götter und Göttinnen, manchmal als Paare, manchmal als Singles, häufig verknüpft durch verwandtschaftliche Bande.

Allerdings begnügt sich das götterweltliche Universum der Bauern nicht mit der Repräsentation der beiden Geschlechter; es kennt auch heilige Tiere, Pflanzen und Steine, ferner Zwischenwesen wie Engel und Dämonen, die nicht als Mann oder Frau zu identifizieren sind.

In Indien, diesem Eldorado für die Erforschung bäuerlicher Religion, schwanken die Angaben über die Zahl der dort vorkommenden göttlichen Wesen zwischen 330 Millionen und 33 Tausend – ein Alptraum für systematisches Denken. Gleichwohl wird ein kleiner Exkurs in das Land der heiligen Kühe im Zusammenhang des Kapitels über das bäuerliche Universum unumgänglich sein.

»Vier von fünf Hindus leben auf dem Dorf, in einer ungeschichtlichen Welt, die sich seit tausenden Jahren nicht geändert hat … Was wir, seit der Ausdruck um 1830 erfunden wurde, ›Hinduismus‹ nennen, ist zunächst und in erster Linie der vorschriftliche, ungeschichtliche, naturfromme, stabile, urwüchsige Lebensrhythmus von Bauern. Unsere wackeren Indologen, mit ihrem Pionier Max Müller (1823–1900) an der Spitze, haben sich für die Sitten und Gebräuche der Dörfler nie sonderlich interessiert. Deren ›abergläubische Praktiken‹ waren für den gelehrten Müller lediglich Korruptionen einer ursprünglich weit rationaleren und intelligenteren Religion und Philosophie. Müller brachte den Rigweda, die älteste literarische Quelle der indischen Hochkultur, nach Europa, in sechs kommentierten Bänden … So haben die Gelehrten der Kolonialära ein hochgestochenes Indienbild entworfen, das gelangte in die Köpfe des gebildeten Bürgertums und befindet sich noch immer darin. Ausschlaggebend für unsere Auffassung indischer Kultiviertheit blieben die dortigen Hervorbringungen einer hauchdünnen Oberschicht, in Sanskrit, der altindischen Hochsprache für rituelle, poetische und gelehrte Kreationen. So spricht eine Herrenkaste zu der anderen in gepflegter und vornehmer Weise, während die Mehrzahl der Bevölkerungen hier wie in Indien von alledem keinen blassen Schimmer hat.«[14]

Die Hälfte aller Hindus lebt an der Hungergrenze. Die Bauern unter ihnen sind in der Mehrzahl entweder Lohnarbeiter oder Kleinpächter, die von den wenigen Land besitzenden Bauern abhängig sind. Letztere stellen den fünfköpfigen Ältestenrat, die oberste Autorität im Dorf. Die Landbesitzer *(landlords)* verleihen Geld an die Besitzlosen, zum Beispiel an einen Bauern, der seine Tochter verheiraten will. Falls er nicht zurückzahlen kann, gerät er in das System der Schuldarbeit *(bonded labour)*; er und seine Kinder bzw. deren Kinder müssen dann für den Landlord ohne Entgelt arbeiten. Nahrung, Kleidung, Behausung, Medizin werden vom Schuldherrn gewährt. Man schätzt, dass die Hälfte aller Landarbeiter solche Schuldsklaven sind. Ihre Nahrung besteht aus zwei Mahlzeiten, die frühmorgens und abends eingenommen werden. Sie bestehen aus frisch zubereiteten Brotfladen und gestoßenen Zwiebeln oder einem Linsensüppchen, das die Hausfrau kocht.

Vor Sonnenaufgang erheben sich die indischen Bauern von ihrer Pritsche, wandern auf die Felder vor dem Dorf, verrichten dort ihre Notdurft, waschen sich an einem Brunnen, wenden sich der aufgehenden Sonne zu, falten die Hände und murmeln: *Hej Ram!* Gemeint ist der hohe Herr Rama, dessen Name allen Hindus geläufig ist und dessen Statue, zusammen mit derjenigen seiner Gemahlin Sita, in vielen Dorftempeln steht. Seine Lebensgeschichte ist die eines guten Königs und wird in dem Epos Ramajana erzählt, das mindestens 2000 Jahre alt ist und als beliebtestes Buch Indiens gilt. Rama wird als eine der zahllosen Verkörperungen Vischnus angesehen, der zusammen mit Schiwa und Brahma die oberste Etage im indischen Himmel bewohnt. Ebenso alt und angesehen ist Kali oder Durga, die »Große Mutter« in ihrer indischen Gestalt, mit dem Hauptsitz in Benares.

Ikonografisch interessant ist die in Indien überall anzutreffende Verkörperung Schiwas, das Linga. Für das europäische Auge handelt es sich um eine plastische Wiedergabe des männlichen Gliedes; in indischer Sicht ist das Gebilde der Gott Schiwa. Ein europäisch denkender Mensch aus dem Industriezeitalter wird annehmen, dass das Linga bzw. der Gott Schiwa etwas mit Fortpflanzung/Fruchtbarkeit zu tun haben müsse. Wie hintergründig diese für eine Bauerngesellschaft so wichtigen Tatsachen sein können, erfährt der Interessierte erst nach und nach, wenn er beispielsweise ein Buch[15] studiert, das sich eingehend mit dem zentralen Problem der Hindu-Mythologie beschäftigt, nämlich dem Dreiecksverhältnis von Keuschheit, Potenz und Fruchtbarkeit.

Schiwa gilt als asketischer Jogi, der mit Vorliebe in der Nähe der Plätze meditiert, wo die Leichen verbrannt werden. Während dieser frommen Übungen demonstriert er eine permanente Erektion, wie man auf alten Darstellungen beobachten kann, und sammelt auf diese Weise mächtige Energien (genannt *tapas),* die als destruktiv gelten und deshalb von Prostituierten, die den Jogi verführen, abgeleitet werden müssen. Obwohl Schiwa sich gegen den Ehestand wehrt, bekommt er die hochbrüstige Parvati zur Frau und wird so zum verheirateten Asketen, dessen Gemahlin ebenfalls Geliebte und Nonne zugleich ist. Das Linga erinnert also an die Speicherung der Potenz, nicht an ihre Entladung (das Sanskritwort für Keuschheit bedeutet wörtlich »den Samen zurückhalten«). Ohne Erektion, auch das geht aus der Überlieferung hervor, lässt sich Potenz nicht aktivieren; die Kunst besteht darin, erregt zu bleiben, ohne zu ejakulieren. Das gilt auch für die Frau, mutatis mutandis, die Joga praktiziert. Beide, Schiwa und Parvati, unterbrechen ihre asketischen Übungen durchaus, wenn man den Göttergeschichten folgt, und engagieren sich in unbeschreiblichen Ekstasen der Lust, wobei die Nachkommenschaftsfrage im Kreis der Schiwa-Mythologie keine besondere Rolle spielt. Die Tatsache, dass sich in den vielen Schiwageschichten kaum eine finden lässt, in denen der Asketengott nicht gelegentlich der Lust frönt, relativiert das Keuschheitsprogramm, jedenfalls aus abendländischer Sicht. Auch das Klischee, dass es den Bauern immer nur um den Kindersegen geht, wird durch den Schiwa-Komplex in Frage gestellt. Was die Stellung von Parvati anlangt, so erscheint sie in dem faszinierenden Buch von Wendy O'Flaherty keineswegs als Prototyp der unterdrückten Frau, die nichts zu sagen hat. Ihre Nähe zur mächtigen Kali ist unverkennbar.

Selbstverständlich lässt sich das umfangreiche Corpus der Schiwa-Überlieferung, die in vielen Jahrhunderten entstanden ist, nicht interpretieren wie ein Roman, der von einem einzelnen Menschen verfasst wurde. Immerhin wird ein Grundmuster kenntlich, das aus den Fäden der Enthaltsamkeit und der Lust gewebt ist, keineswegs nur aus männlicher, sondern auch aus weiblicher Sicht. Die schreckhaften Aspekte Schiwas, der mit Totenasche beschmiert ist, wirken auf Parvati erotisierend. Immer dann, wenn Schiwa ikonografisch mit dem Totenschädel auftritt, muss er von schönen Frauen in verführerischen Posen umringt sein.

Auf billigen Farbdrucken sind solche Ansichten in Indien allenthalben verbreitet, ebenso wie die wichtigsten Geschichten von Schiwa und Parvati. Es handelt sich also bei dem soeben skizzierten Grundmuster nicht um exklusive Gelehrtenspekulationen, sondern um populäre Gestaltungen, deren paradoxe Intention eine Selbstverständlichkeit ist, nicht nur unter den Anhängerinnen und Anhängern Schiwas, die eine der beiden größten indischen Glaubensrichtungen bilden. Die andere Richtung verehrt Vischnu.

Im Übrigen sollte man sich die bäuerliche Frömmigkeit in Indien nicht pathetisch vorstellen. Besonders beliebt im volkstümlichen Schiwa-Komplex sind Geschichten von Asketen, die in Wirklichkeit nur hinter den Frauen her sind. Außerdem weiß jedermann/jedefrau im bäuerlichen Universum Indiens, dass ein

Leben ohne Nachkommenschaft verdrießlich wäre, selbst für den asketischen Schiwa, dessen Sohn, der elefantenköpfige Ganesch, ein Glücksbringer ist.

In einem Punkt entspricht der Gott Schiwa einem Leitbild, das für die bäuerlichen Gesellschaften kennzeichnend ist, nicht nur in Indien. Schiwa hat Zugang zu mehreren Frauen, während seine Gemahlin zur Treue verpflichtet ist. Dieser Asymmetrie entspricht eine andere, recht merkwürdige. In der Welt der Bauern scheint das Hexen ein Privileg der Frauen zu sein. In einer Kulturen vergleichenden Studie über religiöse Phänomene stellt Felicitas D. Goodman fest, dass Hexen in allen bäuerlichen Gesellschaften auftreten. In den vier Dörfern, deren religiöse Bräuche Goodman diskutiert (ein afrikanisches, ein indisches, ein chinesisches und ein sizilianisches), wohnt die Hexenkraft vornehmlich in bestimmten Frauen.[16]

Mit dem Hexenglauben eröffnet sich eine Dimension der Bauernreligiosität, die in der Fachliteratur gern als »magische« auftritt und nicht ohne exotische Reize für gelangweilte Industriemenschen ist. Magie und Hexenkraft kommen nicht nur im bäuerlichen Habitat vor, sie finden sich auch unter den Sammlerinnen/Jägern, den Pflanzern und Hirtennomaden, selbst in manchen städtischen Milieus. Das magische Denken ist universell, und in Resten lebt es auch im Industriezeitalter fort.

Eine gängige Unterscheidung ist die zwischen produktiver, abwehrender und destruktiver Magie.[17] Ob sich die Hexen dort, wo es sie noch gibt, an diese Einteilung halten, darf bezweifelt werden.

Unter einer Hexe (englisch *witch;* italienisch *strega)* soll man eine erwachsene Person meist weiblichen Geschlechts verstehen, die über Nachbarn und Verwandte Unheil bringt – Wetterkatastrophen, Krankheiten von Mensch und Vieh, sogar den Tod. In den zahlreichen vorindustriellen Gesellschaften, die von den Ethnologen untersucht wurden, gelten Hexen durchweg als böse. Sie stellen alle moralischen Grundsätze auf den Kopf, fressen ihre eigenen Kinder auf, treiben Inzest, sind schamlos, rezitieren Gebete vom Ende zum Anfang, verrichten ihre Notdurft im Wohnbereich, graben Leichen aus, machen die Nacht zum Tag. In ihnen arbeiten dämonische Kräfte, von denen sie besessen sind.[18]

Im frühzeitlichen Europa gab es bekanntlich eine beispiellose Hexenverfolgung, der hauptsächlich Frauen zum Opfer fielen. Allein in den vorhandenen schriftlichen Prozessunterlagen sind rund 100 000 Hinrichtungen vermerkt.[19] Der letzte europäische Hexenbrand fand 1792 in Polen statt.

Das fröhlichste, gelehrteste und provokanteste Buch der letzten Jahre über Hexen wurde von Hans Peter Duerr geschrieben.[20] Die Arbeit wurde nicht nur ein Verkaufserfolg, sie erzeugte auch ein derart gewaltiges Rauschen im gelehrten Blätterwald, dass aus den Reaktionen ein eigenes Buch entstand.[21] Duerr situiert die Geschichte der Hexen in einen Prozess der Zivilisation, den er als Reglementierung der Frauen begreift: »Die stetig komplexer werdende Zivilisation … begegnet dem Jenseitigen von nun an, indem sie dessen Erfahrung zunehmend unterbindet, verdrängt, oder später ›spiritualisiert‹ und ›subjektiviert‹ … Dieser Abdrängungsprozess trifft zunächst vornehmlich jene, die in besonderem Maße ›auf der Grenze‹ stehen, die seit alters auf eine etwas unkontrollierbare Weise dem Jenseitigen aufgeschlossen waren: die Frauen, und unter ihnen vor allem jene, die ihre Fähigkeiten, bisweilen die Grenzen zu überschreiten, besonders entwickelt hatten.«[22]

Wenn man Duerrs Argumentation folgt, dann gehört die Hexe in die Welt der Frauen, vor welcher die Männer deshalb Angst haben, weil sie gelegentlich recht wild werden kann: »Aus Tirol wird von einem Brauch berichtet, den ich vielleicht, ungeachtet der Benutzung eines Fremdwörterlexikons, nicht ganz richtig wiedergebe, da der betreffende Volkskundler ein bisschen schamhaft zur medizinischen Terminologie griff. Unter zügellosem Gelächter wurde irgendein Hirtenbursche überfallen, auf den Boden geworfen und festgehalten. Daraufhin riss man ihm die Hosen vom Leib, und die Frauen rieben ihm, ohne seinen Penis zu berühren, beständig die Hoden, bis er mit einer Dauererektion dalag, die ihm vermutlich nach einiger Zeit große Schmerzen bereitete, da die Frauen es nicht zu einem Samenerguss kommen ließen. Nachdem der Bursche schließlich unter Hohn und Spott davongejagt wurde, näherte sich das Fest seinem Höhepunkt. In wilden Wipp- und Trippeltänzen, mit entblößtem Unterleib, feuerten sich die Frauen gegenseitig mit Gertenhieben und -stichen an, und jungen Nachzüglerinnen halfen Gewitztere mit phallischem Gerät und den Schwurfingern nach.«[23]

Diese Momentaufnahme aus der bäuerlichen Welt spottet aller papierenen Kategorien der akademischen Wissenschaft. Dass sie (die Momentaufnahme, nicht die Wissenschaft) etwas mit Religion zu tun haben könnte, wird einem ernsthaften Forscher kaum in den Sinn kommen.

Tatsächlich ist der heutige Begriff von Religion, umgangssprachlich und auch im wissenschaftlichen Diskurs, geschlechtsneutral, er meint »den Menschen«, dessen religiöse Ausdrucksformen einer »Natur« bzw. »Gesellschaft« entspringen, die weder männlich noch weiblich ist. Damit verfehlt dieser Begriff bestimmte Äußerungen der bäuerlichen Welt, die nur als weibliche oder männliche Riten, Bräuche, Feste, Selbstverständlichkeiten begreiflich werden. Der Dorfpriester auf der einen und die Dorfhexe auf der anderen Seite erinnern an diese Scheidung, die erst mit der Zerstörung des bäuerlichen Universums durch die Industrialisierung, der an »Arbeitskräften« (und nicht an Männern/Frauen) gelegen ist, ins kollektive Vergessen gerät.

Der Beginn dieses Zersetzungsprozesses ist am eindrucksvollsten von Keith Thomas[24] für das England des 16. und 17. Jahrhunderts gezeigt worden. Thomas untersucht die Faszination der bäuerlichen Welt Englands von magischen und astrologischen Praktiken, die Rolle der Dorfzauberer *(cunning men)* und der Hexen, die Gegenwärtigkeit von Geistern und Feen im ländlichen Alltag des ausgehenden Mittelalters und der beginnenden

Neuzeit. Wie das Zeitalter der Aufklärung an den alten Plausibilitäten zu nagen begann, wird von Thomas ebenso detailliert dokumentiert wie das Erlöschen der Hexenverfolgung im 17. Jahrhundert. Eine befriedigende soziologische Erklärung für das Verschwinden der Magie aus England hat Thomas nicht gefunden. Dass das Wachstum der Städte ein wichtiger Faktor war, hält er für wahrscheinlich. Gegen Ende des 17. Jahrhunderts hatte London bereits eine halbe Million Einwohner. Die Menschen gingen auf den Straßen aneinander als Unbekannte vorbei, und so wurde ihnen der Blick des anderen gleichgültig, auch wenn er böse war.

Der »böse Blick« *(mal'occhio, jettatura)* lebt in Süditalien und auf Sizilien noch fort als merkwürdiges Überbleibsel des bäuerlichen Universums: »Eines Abends hatte eine Nachbarfamilie des Ethnologen Besuch von einem alten Freund. Die 17 Jahre alte Tochter des Hauses war in den Monaten zuvor auf Grund einer unglücklichen Ehe in sehr schlechter körperlicher und seelischer Verfassung gewesen. Jetzt ging es ihr endlich besser, und der Besucher, der sie eine ganze Zeit nicht gesehen hatte, äußerte den Eltern gegenüber seine Freude über die Wiederherstellung ihrer Gesundheit. Schon wenige Minuten später bekam das Mädchen heftige Kopfschmerzen und musste sich ins Bett legen. Die an sich harmlose Äußerung des Besuchers war für das Mädchen ein Ausdruck des Begehrens oder zumindest des freudigen Staunens gewesen, Ursachen des bösen Blicks.«[25]

Die Mutter der jungen Frau holte sofort Öl und Wasser, um den bösen Blick auszutreiben. Das Ritual, nach dem sie vorging, ist in der gesamten süditalienischen Kultur verbreitet. Wasser wird in ein Glas gefüllt. Der kleine Finger wird in Olivenöl getaucht. Man lässt das Öl vom Finger ins Wasser tropfen. Wenn sich das Öl auf der Wasseroberfläche ausbreitet, ist alles in Ordnung. Wenn das Öl Kreise bildet, hat der böse Blick gewirkt. In diesem Fall wird eine Formel angewendet, die in früherer Zeit über ganz Europa verbreitet war und die mit der Anrufung von

Vater, Sohn und Heiligem Geist beginnt, wobei das Kreuz über den Kopf der betroffenen Person geschlagen wird, dreimal.

Die Anwendung des Rituals ist eine Frauensache. Auf der anderen Seite fällt auf, dass unter den Amuletten, die gegen den bösen Blick helfen, seit der Antike die verschiedenen Darstellungen des männlichen Gliedes am beliebtesten sind als *Mano Fica* und *Mano Cornuto.*

Eine nicht uninteressante Theorie zur Erklärung des bösen Blicks stützt sich auf einen Aufsatz,[26] dessen Überlegungen zur Erklärung bäuerlicher Lebensweisen stark beachtet wurden. Der Aufsatz ging davon aus, dass die allgemeine »kognitive Orientierung« bäuerlicher Gesellschaften auf der Idee des begrenzten Gutes *(limited good)* beruhe, das heißt auf der Vorstellung, dass jeder Zuwachs an Besitz auf Kosten der Mitmenschen geschieht, also aggressiv ist. Dementsprechend würde jeder noch so freundlich vorgebrachte Kommentar über Wohlhabenheit oder Gesundheit als Sanktion interpretiert, als Warnung der anderen, sich über das gemeinsame Niveau der Gleichheit nicht zu erheben. Gegen ein derartiges »Berufen« oder »Verschreien« muss sich der Angesprochene dann eben wehren, zum Beispiel indem er sagt »unberufen« oder »wir wollen es nicht verschreien«. Auch der böse Blick wäre in diesem Erklärungsversuch eine Sanktion der anderen gegen ein Überschreiten des Niveaus der Gleichheit durch Reichtum oder besonderes Wohlbefinden.[27]

Am Beispiel des bösen Blicks sollte sich zeigen, wie fließend die Grenzen zwischen »Religion« und »Magie« im bäuerlichen Universum sind. Eine Unterscheidung zwischen diesen Begriffen ist eine Betrachtungsweise, die sich ohne Schwierigkeiten auf die Verachtung der christlichen Missionare für den »heidnischen Aberglauben« zurückführen lässt. Wenn man sich vergegenwärtigt, wie die Conquistadoren in »Latein«-Amerika gewütet haben, wird jegliche Betrachtung »von außen« fragwürdig, ob sie von Conquistadoren, Sozialwissenschaftlern oder Touristen (in Sizilien zum Beispiel) praktiziert wird.

3. Herrlichkeit

Aufstieg und Verfall des Königsgedankens

»So wurde es August, und es begannen die letzten Wochen der Herrschaft unseres allgewaltigen Monarchen. Aber ist es überhaupt richtig, wenn ich in Zusammenhang mit den letzten Tagen des Niederganges von ›Herrschaft‹ spreche? Es ist so ungeheuer schwierig festzustellen, wo die Grenze verläuft zwischen der wirklichen Herrschaft, einer Herrschaft, der sich alles unterwirft, die eine Welt erschafft oder auch vernichtet; wo also die Grenze verläuft zwischen der lebendigen, großen, vielleicht sogar schrecklichen Herrschaft und der scheinbaren, der leeren Pantomime des Herrschens, die eine Marionette ihrer selbst ist, nur eine Rolle spielt, die Welt nicht sieht und nicht hört, nur in sich selbst schaut. Noch schwieriger ist es zu sagen, wann Allmacht zur Ohnmacht wird, Erfolg zu Misserfolg, Glanz zu Glanzlosigkeit. Genau das war es, was niemand im Palast spürte.«

Ryszard Kapuściński, König der Könige, Köln, 1984, 167

Das Jahr, von dem hier gesprochen wird, ist das Jahr 1974, und der Monarch, dessen Herrschaft damals zu Ende ging, hieß Haile Selassie, Kaiser Äthiopiens von 1930 bis 1974, gestorben im August 1975. Das ungewöhnliche Buch, aus dem die zitierte Passage stammt, ist eine Sammlung von Interviewtexten, die der Verfasser, ein polnischer Journalist, zusammengestellt hat nach seinen Gesprächen mit ehemaligen Palastangestellten Haile Selassies, die den Umsturz von 1974 überlebt hatten.

Aus diesem Buch kann man, und ich sage das unpolemisch, mehr über Herrschaft und Religion lernen als aus vielen religions-soziologischen Abhandlungen, die ich kenne. Das mag damit zusammenhängen, dass die meisten Soziologen nie in ihrem Leben Gelegenheit hatten, das Geschäft der Machtausübung aus der Nähe kennen zu lernen, dass sie mit anderen Worten nie um ihre Existenz, gar um ihr Leben zittern mussten. Die Höflinge hingegen, deren Stimmen in dem erwähnten Buch gesammelt sind, konnten täglich beobachten, wie der Monarch Karrieren begründete oder beendete, wie er über Leben und Tod entschied und wie unergründlich seine Ratschlüsse waren. Sie wussten, dass die Huld des Herrschers über Nacht in Zorn umschlagen konnte, dass sie seiner Gnade niemals sicher sein konnten. Die Wachsamkeit dieser Menschen ist mit dem professionellen Interesse eines westlichen Sozialwissenschaftlers kaum zu vergleichen. Außerdem lebten die Höflinge in mittelalterlichen Verhältnissen, sie dienten einem Herrn, der als der »Auserwählte Gottes« alle Macht seines Landes in Händen hielt.

Im Dezember 1960 wurde in Äthiopien ein Putschversuch niedergeschlagen, und seitdem verlief das Leben im kaiserlichen Palast, der Dienststelle von Kapuścińskis Informanten, nicht mehr ganz so wie früher: »Als das kaiserliche Gefolge Einzug hielt, fielen die Menschen im Spalier wie immer aufs Gesicht, aber das war kein Vergleich mit dem früheren In-den-Staub-Fallen. In der guten alten Zeit, mein lieber Freund, war das noch ein richtiges Fallen, fast ein Einsinken, zu Staub und Asche zerfallen, sich zitternd und bebend am Boden krümmen, die Hände ausstrecken und Erbarmen heischen. Aber jetzt? Sicher, sie fielen auf das Gesicht, aber es war so ein lebloses Fallen, so verschlafen, gewissermaßen erzwungen, aus purer Gewohnheit, langsam und träge, mit einem Wort ablehnend.«[28]

In Addis Abeba währte der Machtverfall 14 Jahre. Ich wähle den Vorgang deshalb als Einstieg in dieses Kapitel, weil es darin um die Phänomenologie der religiösen Aura politischer Macht und um das Verblassen dieser Aura im bürgerlichen Zeitalter gehen soll, um die so genannte Säkularisierung. »Von Säkularisation ist zum ersten Male die Rede in den Vorverhandlungen zum

Westfälischen Frieden von 1648. Es geht hier um die Liquidation geistlicher Herrschaft, der kirchliche Stifte, Klöster und ganze Bistümer zum Opfer fallen.«[29]

Auf die Begriffsgeschichte der Säkularisierungsthese gehe ich nicht ein. Es genügt zu wissen, dass sie in der zweiten Hälfte des 19. Jahrhunderts entwickelt wurde als Feststellung der Gegensätzlichkeit von bürgerlicher Moderne und christlicher Weltsicht. Das konnte fröhlich gesagt werden im Sinn des aufgeklärten Abschieds von dunklen Zeiten, oder nostalgisch aus der Sehnsucht nach dem Sinn-Kosmos des Mittelalters heraus und im Bedauern über den Verfall der religiösen Werte im Industriezeitalter. Auf jeden Fall war klar, dass die Klerisei mittelalterlicher Art ihren einstigen Einfluss auf Wirtschaft, Militär und Bildung weitgehend verloren hatte. Der Zusammenhang dieser allmählichen Enteignung mit dem Prozess der (kapitalistischen) Industrialisierung in Europa und Nordamerika lag ebenfalls auf der Hand. Auffällig dabei war die Tatsache, dass der Machtverlust der Geistlichkeit mit dem Verblassen der sakralen Würde des Königtums einherging. Majestäten wurden hingerichtet oder des Landes verwiesen, und in den Vereinigten Staaten war man froh und glücklich, ohne König leben zu können.

Eine gute (soziologische) Frage in diesem Zusammenhang ist die nach den Milieus, die ein vitales Interesse an der Auseinandersetzung mit dem Säkularisierungsprozess hatten: »Denn die so genannte neuere Religionssoziologie muss als Kirchensoziologie eingestuft werden, da es sich im Fall der meisten ›neueren‹ Religionssoziologen um Theologen oder Soziologen handelt, die, um ihre konfessionellen oder ideologischen Interessen oder (und) ihren Mangel an religionswissenschaftlicher Bildung und Ausbildung zu überspielen, die Religion mit dem Christentum und das Christentum mit der Kirche gleichsetzen. Folglich beschäftigen sie sich mit dem institutionalisierten Christentum bzw. mit den Kirchen, die, obwohl sie mit dem Christentum viel zu tun haben, keinesfalls mit ihm zu identifizieren sind.«[30]

Die Milieus, in denen seit rund hundert Jahren die Literaturen über die Säkularisierung entstanden, werden demnach eher innerhalb der christlichen Kirchen und ihrer Einflusssphären zu suchen sein als außerhalb der konfessionell engagierten Kreise.

Die Rede von der »Entchristlichung« darf somit als Reaktion von politisch beharrenden Kräften in Europa auf die zunehmende Entfremdung der bürgerlichen Schichten von »der« Religion (sprich: den christlichen Kirchen) und der diese Entfremdung ausdrückenden Religionskritik der Aufklärung aufgefasst werden.

Der klassische Text zum Studium dieser Mentalität ist Friedrich Schleiermachers »Über die Religion. Reden an die Gebildeten unter ihren Verächtern« aus dem Jahr 1799. Schleiermacher (1768–1834) war evangelischer Theologe und Philosoph in Berlin, wo er mit der Romantik in Berührung kam. Es ist kein Zufall, dass Schleiermacher »die Religion« sagte und nicht etwa »das Christentum«. Wie der Begriff »Säkularisierung« ist auch der Begriff »Religion« im Zeitalter der bürgerlichen Aufklärung entstanden und hat mit dem Wort aus der lateinischen Kultsprache, von dem er sich herleitet, nur eine entfernte Verwandtschaft. Pointiert ausgedrückt könnte man sagen, dass in Europa erst dann von »der« Religion gesprochen wurde, als der politische Einfluss der christlichen Kirchen im Abnehmen begriffen war. Die Autoren, die damit anfingen, schrieben in England nach der Revolution von 1688 (Toleranzakte 1689, Pressfreiheit 1694) und nannten sich »Deisten« oder »Freidenker«. Sie entwickelten die Idee einer »natürlichen Religion«, die sich mit Vernunftgründen diskutieren ließ und in allen Kulturen nachweisbar war. Sie stellten die historische Frage nach der religiösen »Entwicklung« der Menschheit und interessierten sich in diesem Zusammenhang für außereuropäische Zivilisationen in Asien und Südamerika, von denen man damals schon einiges wusste. Die englischen Freidenker haben auf diese Weise die moderne Religionswissenschaft begründet.

Im Gegenzug eigneten sich die restaurativen Kräfte in den katholisch gebliebenen Ländern den aufgeklärten Religionsbegriff an, um den alten Glauben zu retten: »Die Entwicklung der französischen Revolution und die von ihm 1795 mit großer Härte niedergeschlagenen Versuche, auch in Österreich und vor allem in Ungarn ihrem Beispiel zu folgen, hatten den jungen Kaiser nur in seinem Kampf gegen Aufklärung und Reform bestärkt. Durch eine Restauration der katholischen Kirche im österreichischen Kaiserstaat hofften der Kaiser und seine nächsten Ratgeber den Mittelpunkt gefunden zu haben, der allen Angriffen im Sinne der französischen Revolution widerstand. Im Zuge dieser Restaurationsbestrebungen war es 1805 zur Errichtung der neuen Lehrkanzeln für Religionswissenschaft, wie der hochtrabende Titel lautete, gekommen. Die geistlichen Urheber dieses Planes waren der kaiserliche Beichtvater v. Darnaut und der kaiserliche Burgpfarrer Jakob Frint, der gleichzeitig die Lehrkanzel für Religionswissenschaft an der Philosophischen Fakultät der Universität Wien erhielt und mit der Abfassung eines Lehrbuches beauftragt wurde, nach dem zu lesen alle anderen Lehrkanzelinhaber verpflichtet waren.«[31]

Der damaligen kaiserlichen Bildungspolitik entspricht die heutige Realität in den Schulen insofern, als das Fach »Religion« von den Vertretern der staatlich anerkannten Religionsgemeinschaften unterrichtet wird, in der Praxis von katholischen, evangelischen und jüdischen Religionslehrern. Für die Obrigkeit gibt es »die« Religion nicht, sie kommt ausschließlich als (katholische, evangelische etc.) »Konfession« vor. Das Wort und der Begriff »Religion«, den ich in diesem Buch auf beinahe jeder Seite verwenden muss, erweist sich als geschichtlich, gesellschaftlich, politisch situierte Kurzformel für die (staatskirchenrechtlich geregelte) Realität des neuzeitlichen Konfessionswesens in den Industrieländern.

Mit dieser Feststellung soll die Verwandtschaft heutiger religiöser Einstellungen mit den Äußerungen zum Beispiel der altgriechischen Frömmigkeit nicht ausgeschlossen werden. Es wäre ja sonst nicht möglich, bestimmte Texte, Bilder, Statuen, Gebäude aus vergangenen Zeiten als religiöse überhaupt zu erkennen und zu empfinden. (Beim Anblick einer kleinen Buddhafigur in der Ecke des Wohnzimmers eines Hauses auf Sri Lanka wird man eventuell an einen Herrgottswinkel denken.) Das Problem bei alldem ist die genaue Verwandtschaftsbestimmung zwischen einer Soldatin der Heilsarmee und einer Tempeldirne, um ein Beispiel zu geben. Beide haben offensichtlich etwas mit Religion zu tun, sozusagen unterhalb der Schicht des konfessionell oder kulturell Bestimmbaren.

Was Religion »ist«, wird sich also nicht so ohne weiteres sagen lassen. Es gibt Dutzende von Begriffsbestimmungen des Wortes »Religion« in der einschlägigen Literatur, die ihrerseits wiederum den wechselnden Trends und Vorlieben in der gelehrten Welt unterliegt. Für den Zweck dieses Buches soll es zunächst einmal genügen, das eine oder andere Fragment aus der Allgemeinbildung zum Wort »Religion« zu assoziieren – das »Höhere Wesen« zum Beispiel oder den Papst, die Ringparabel aus Lessings Nathan, die Gretchenfrage in Goethes Faust.

Das Zeremoniell des Wissenschaftsbetriebes würde es jetzt verlangen, die Begriffsbestimmungen und Definitionen von »Religion« zu referieren, wenigstens diejenigen aus der Feder der prominenten Philosophen und Fachgelehrten ab sagen wir dem Jahr 1700, um schließlich mit der eigenen Definition herauszurücken. Anstelle dieser ein wenig umständlichen Vorgangsweise möchte ich mich an das schöne Wort von Jean-Paul Sartre halten, das im Vorwort zum ersten Band seiner Monographie über Flaubert steht: »Nun gilt es zu beginnen. Aber wie? Und wo? Das ist nebensächlich: In einen Toten tritt man ein wie in eine offene Stadt. Entscheidend ist, dass man von einem Problem ausgeht.«[32]

Das Problem, von dem ich ausgehe, wurde bereits genannt. Es handelt sich um den Heiligenschein männlicher Herrschaft. Ein

Problem deshalb, weil man es nicht so leicht objektivieren kann wie einen versteinerten Fisch oder eine Mikrobe. Man (Mann, Frau) ist bekanntlich selbst Teil des Problems.

Nicht die Herrschaft von Männern über Menschen als solche ist das Problem hier, sondern die Aureatisierung, Sakralisierung dieser Herrschaft, ihre religiöse Würde also.

Der folgende Text ist dem »Schott-Messbuch« entnommen, das die Gebete während der Feier der katholischen Gemeindemesse in lateinischer und deutscher Sprache enthält: »Zu Beginn dieser Messfeier wollen wir uns besinnen und das Erbarmen des Herrn auf uns herabrufen. Ich bekenne Gott, dem Allmächtigen, und allen Brüdern und Schwestern, dass ich Gutes unterlassen und Böses getan habe … Der allmächtige Gott erbarme sich unser. Er lasse uns die Sünden nach und führe uns zum ewigen Leben.«[33] So also beginnt jede »Messfeier« in der derzeit größten Religionsgemeinschaft der Welt (über eine Milliarde Mitglieder). Der Gott, zu dem gebetet wird, ist »Herr« und »allmächtig«, und die erste Bitte an ihn ist die um »Erbarmen«.

Das Sündenbekenntnis und die Erbarmensbitte am Beginn der Messe sind quellenmäßig bis ins 11. Jahrhundert zurückzuverfolgen.[34] Die Anrede Gottes mit »Herr« ist bereits im zweiten vorchristlichen Jahrtausend bezeugt, im syrischen Raum. Dort wurde der Himmelsgott (mit dem Blitz in der Hand) »Baal« genannt, was »Herr« heißt; die entsprechende Göttin hieß »Baalat«. Was die Zuschreibung der Macht anlangt, so wird die Bedeutung der ältesten Bezeichnung für Gott in den semitischen Sprachen, nämlich »El« (akkadisch *ilu,* arabisch *ilah)* meist von »stark sein« abgeleitet.

Eine dieser nahöstlichen/vorderasiatischen Machtverkörperungen kann man auf einem Thronsessel auf einer Stele bewundern, die 1902 von den Franzosen in Susa ausgegraben wurde und ins Louvre-Museum kam. Eine der dort abgebildeten Figuren wurde als der babylonische König Hammurabi (1728–1686 v. Chr.) identifiziert, der das Gesetz aus der rechten Hand des

Gottes empfängt. Die Szene ist ganz oben auf einem 2,25 Meter hohen Dioritblock eingemeißelt. Auf der Stele ist das gesamte damals in Babylonien gültige Gesetz, sind alle öffentlich und privat rechtlichen Verfügungen, insgesamt 282 Paragraphen, in 39 keilschriftlichen Kolumnen festgehalten. Der König, der die Stele in Auftrag gab, beherrschte ursprünglich nur die Stadt Babylon, eroberte aber dann der Reihe nach andere Städte, bis er schließlich die alleinige Macht über ganz Babylonien mit Waffengewalt erlangt hatte, nach dreißigjährigen Kämpfen, die sicher nicht sehr zimperlich verliefen, wie man aus der Kenntnis der babylonischen Sitten und Bräuche weiß. Dieser Machthaber nun wünschte selbst in Abhängigkeit von einem Höheren abgebildet zu werden, nämlich dem assyrisch-babylonischen Sonnengott Schamasch, der auf seiner täglichen Fahrt auf dem Sonnenwagen den besten Überblick hatte und als allwissender Richter aufgefasst wurde, dem nichts entgeht.

Das hier gewählte Beispiel für die »Herrlichkeit« eines Gottes, der eine bestimmte irdische Herrschaft legitimiert, wurde nicht willkürlich ausgesucht. Es stammt aus der ältesten »Hochkultur«, die man kennt, derjenigen des Zweistromlandes nämlich, die ab 3000 v. Chr. angesetzt wird, mit einem kleinen Zeitvorsprung vor der ägyptischen. Beide Zivilisationen bescherten der Menschheit eine Institution, die bis in unser Jahrhundert die politische Geschichte geprägt hat – die des Königtums von Gottes Gnaden.

»Doch nackte Gewalt allein kann die ungeheure Konzentration menschlicher Energie, die konstruktive Umwandlung des Lebensbereichs, die imposanten Kunstwerke und Zeremonien nicht hervorgebracht haben ... Die Einrichtung, die diesen Wandel auslöste, die Institution des Gottkönigtums, war das Ergebnis eines Bündnisses zwischen dem tributfordernden Jägerhäuptling und den Hütern eines wichtigen religiösen Schreins. Ohne diese Verbindung, diese Heiligung, diese strahlende Erhöhung hätten die Forderungen der neuen Herrscher nach bedingungsloser Unterwerfung unter den königlichen Willen nicht verwirklicht werden können; es bedurfte außerordentlicher, übernatürlicher Autorität, von einem Gott oder einer Gruppe von Göttern abgeleitet, um das Königtum in einer großen Gesellschaft durchzusetzen. Waffen und bewaffnete Männer, Spezialisten im Töten, waren von wesentlicher Bedeutung; aber Gewalt allein reichte nicht aus … Unter dem schirmenden Symbol seines Gottes, der in einem massiven Tempel wohnte, übte der König, der zugleich Hohepriester war, eine Macht aus, wie kein Jagdhäuptling als bloßer Führer seiner Bande sie jemals zu beanspruchen gewagt hätte. Dadurch wurde die Stadt, einst bloß ein vergrößertes Dorf, zum heiligen Ort, sozusagen zum göttlichen ›Transformator‹, in welchem die tödlichen Hochspannungsströme der Gottheit für menschliche Zwecke umgewandelt wurden.«[35]

Die wichtigste Monographie über die Entstehung des Königtums in Mesopotamien und Ägypten ist die von Henri Frankfort, die 1948 unter dem Titel »Kingship and the Gods« erschienen ist. Auf sie beruft sich auch Lewis Mumford in seinem Kapitel über den Königskult, aus dem die zitierte Passage stammt. Mumford (geboren 1895) war Universitätsprofessor an der Columbia University in New York, an der Stanford University und am Massachusetts Institute of Technology. Seine Zivilisationskritik wurde vom Psychoanalytiker Fromm fortgeführt, der den destruktiven Charakter der so genannten Hochkulturen analysierte.[36]

Auf die materiellen Voraussetzungen der mesopotamischen und ägyptischen Königsherrschaften, die auf der landwirtschaftlichen Nutzung von bewässerungstechnisch erschlossenen Flusslandschaften beruhten, gehe ich nicht näher ein. Angemerkt sei lediglich, dass die Probleme der Flussregulierung und der Behebung von Flutschäden, der Verteilung von Wasser für Bewässerungszwecke, der Speicherung von Nahrungsmitteln in ausreichender Menge zur Vorsorge bei Lebensmittelknappheit über die Kräfte lokaler Kommunen hinausgingen und das Bedürfnis nach einer zentralen Autorität entstehen ließen. Das religionswissenschaftliche Problem dabei liegt in der Frage, warum die Begründung dieser zentralen (= königlichen) Autorität unter Berufung auf überirdische Mächte geschehen musste. Die mesopotamischen und ägyptischen Könige ließen jedenfalls keinen Zweifel darüber, dass sie sich entweder selbst als Götter auffassten oder ihre Autorität direkt von einem Gott erhalten hatten. Das geht aus den vielen Inschriften hervor, die sie anfertigen ließen und die man heute in jeder besseren Bibliothek studieren kann. Die christlichen Kaiser setzten diese Tradition fort. Dies zeigt sich zum Beispiel in den Abbildungen in einem Evangeliar, das Heinrich III. der Kirche von Goslar stiftete und jetzt in der Universitätsbibliothek von Uppsala aufbewahrt wird. Dort kann man Christus als zweite göttliche Person erkennen, der Kaiser Heinrich III. (1039–1056) und seiner Gattin Agnes von Poitou Kronen aufsetzt. Religionsgeschichtlich bemerkenswert ist die doppelte so genannte Mandorla um den Christus, in welche die beiden gekrönten Häupter gerade noch eben hineinragen. Mandorlen (Aureolen, Heiligenscheine) finden sich ab dem 6. Jahrhundert auf verschiedenen christlichen Mosaiken, zum Beispiel in der Basilika Santa Maria Maggiore in Rom und im Katharinenkloster auf dem Berg Sinai. Sie signalisieren ursprünglich, wenn man die ältesten Motive analysiert, die mit Mandorlen ausgezeichnet wurden, visionäre Begebenheiten. Die Mandorlen erinnern an die so genannten Mandalas des asiatischen Raums, optische Meditationshilfen aus dem buddhistischen Formenkreis, näherhin dem des so genannten Diamantenen Fahrzeugs, der dritten Hauptrichtung des Buddhismus (neben dem so genannten Großen und Kleinen Fahrzeug). Auch in manchen indianischen Kulturen finden sich solche Kreisdiagramme, deren Betrachtung den Eintritt in Trance begünstigt.

Auf der Miniatur von Goslar (sie ist im Original 27 cm hoch) ist die obere Mandorla als Himmel beschriftet, die untere als Erde. Am oberen Bildrand ist aufgeschrieben, was der Gott sagt:

Per me regnantes vivant: (Kaiser und Kaiserin) mögen durch mich regieren und leben (zu ergänzen wäre wohl: in Ewigkeit leben).

Das alte Krönungsbildchen aus dem christlichen Mittelalter liefert einen Hinweis für die Beantwortung der oben gestellten Frage, warum die Begründung (Legitimierung) königlicher Herrschaft unter Berufung auf überirdische Mächte geschehen musste. Der durch die obere Mandorla bezeichnete Erfahrungsbereich, nennen wir ihn versuchsweise die »andere Wirklichkeit«, kann unter Umständen durchaus betreten werden, und zwar, in heutiger Terminologie, im veränderten Wachbewusstsein visionärer Trancen, die gemeinhin von sehr intensiven Lichterscheinungen begleitet werden. Für jemand, der so etwas erlebt hat, pflegt das Geschaute in der Regel den Charakter des Überwältigenden, absolut Gültigen, Unwidersprechlichen, Evidenten zu haben, also von der Gewissheit begleitet zu sein, auf keinen Fall habe man selbst das Geschaute hervorgebracht (produziert, projiziert, halluziniert, sich eingebildet etc.). Der hohe Gewissheitsgrad visionärer Erlebnisse verleiht ihnen eine Autorität, die nicht »von dieser Welt« ist. Um das zu illustrieren, sei daran erinnert, dass die vier so genannten Weltreligionen mit Ekstasen begonnen haben: »Am Anfang steht in jedem Fall ein Charismatiker – Moses, Jesus, Mohammed, Buddha. Von ihnen allen wird erzählt, dass sie Ekstatiker waren: Moses vorm brennenden Dornbusch, Jesus auf dem Berg Tabor, Mohammed in der Höhle, Buddha unter dem Baum der Erleuchtung. Was sie zu sagen haben, wirkt auf die Menschen als Offenbarung und verändert die Welt.«[37]

Nehmen wir einmal an, alle religiösen Phänomene stünden in einem signifikanten Zusammenhang mit veränderten Wachbewusstseinszuständen (und ich meine, dass dies der Fall ist), und halten wir fest, dass unter den veränderten Wachbewusstseinszuständen manche einen so bedeutsamen Inhalt transportieren, dass sie viele Generationen zu faszinieren vermögen, dann wird einsichtig, warum die Könige auf die Bestätigung aus der »anderen Wirklichkeit« angewiesen waren. Bewaffnete Gewalt allein kann zwar die Völker unterwerfen, versklaven, einverleiben; sie erzeugt aber keine Loyalität, geschweige denn jene Aura des Erhabenen, die zu betrachten das merkwürdige Glück der Beherrschten ausmacht. Erst wenn der Seher unter all den verfügbaren Haudegen den Erwählten bezeichnet und gesalbt hat, hat der König zu regieren begonnen.

Das Dual Königspalast – Tempel, für die alten Reiche in Mesopotamien und Ägypten politisch geradezu konstitutiv, setzte sich im christlichen Mittelalter Europas im spannungsreichen Dual Kaiser – Papst bzw. der Konzeption des »weltlichen« und des »geistlichen« Armes oder Schwertes fort. In beiden Domänen akkumulierte sich, abstrakt ausgedrückt, Macht; konkret ausgedrückt verfügte also der jeweilige Hof des Königs (Fürsten, Stadttyrannen) über die Mittel (niemals genug), um die Bevölkerung im Zaum zu halten – juristische, ökonomische, militärische, bildungspolitische. Die Priesterschaften auf der anderen Seite, als Repräsentanten der »anderen Wirklichkeit«, verzichteten in der Regel auf Waffen und spezialisierten sich dafür auf dem Gebiet der Gelehrsamkeit, der Schriftkunde. (Das englische Wort für Bürokraft – *clerk* – kommt vom kirchenlateinischen *clericus.)* Von allem Anfang an waren die Priesterschaften der so genannten Hochkulturen ökonomisch autark, wenn nicht sogar dem königlichen Hof überlegen. Manchmal gelang es einem König, sich auch als Oberpriester zu installieren, wie auch manche Priester als Fürsten auftraten. Dennoch blieben die Sphären in der ganzen langen Zeit ihres Funktionierens prinzipiell getrennt, stützten einander, bekämpften einander, überschnitten sich und machten die pathetische Geschichte, die in unseren Schulbüchern steht. Dieses bipolare politische System findet sich neben den bereits erwähnten Zivilisationen im alten Mesopotamien und Ägypten auch im alten Indien und China sowie in den präkolumbianischen Kulturen Mittel- und Südamerikas. Der Niedergang dieses Systems verlief bekanntlich synchron mit dem

Aufstieg der »dritten Kraft« in Europa, die seit dem hohen Mittelalter mit Adel und Klerus im Clinch lag. Der religiöse, sakrale Charakter des Systems, in dem Thron und Altar einander behilflich waren ihre Herrschaft dauerhaft zu gestalten, ist heute jedenfalls in den Industrieländern dahin. Wer es analysieren will, wird zum Historiker, und deshalb haben viele bürgerliche Aufklärer auch gemeint, die Religion als solche sei ebenso anachronistisch wie das Königtum von Gottes Gnaden. In diesem Punkt haben sich die Aufklärer allerdings getäuscht, was als Hinweis dafür dienen mag, wie vorsichtig man im Umgang mit der Religion sein muss.

Damit sind wir noch einmal bei der Frage nach dem Wie und Warum des Verblassens der religiösen Aura politischer Macht, wie sie der eingangs zitierte Höfling des Negus so eindringlich formulierte. Wir sind damit auch bei Max Weber, einem der vier oder fünf Klassiker der internationalen Soziologie, gelandet, näherhin bei seinen drei »reinen Typen« der Herrschaftsgewalten, und zwar deshalb, weil Weber mit seiner Typologie auch eine Diachronizität verbindet, ein Phasenmodell herrschaftlicher Modalitäten, in dem das Moment der wachsenden Respektlosigkeit bereits eingebaut ist. Eine Probe der wissenschaftlichen Prosa Webers soll zeigen, mit welcher Entschiedenheit dieser Gelehrte seine Einsichten vortrug: »Die religiösen Vergesellschaftungen und Gemeinschaften gehören bei voller Entwicklung zum Typus der Herrschaftsverbände … Alle Herrschaftsgewalten, profane wie religiöse, politische wie unpolitische, lassen sich als Abwandlungen von oder Annäherungen an einige reine Typen ansehen, welche gebildet werden durch die Frage: welche Legitimitätsgrundlage die Herrschaft für sich in Anspruch nimmt … Es soll bei den nachfolgenden Erörterungen unter dem Ausdruck ›Charisma‹ eine (ganz einerlei: ob wirkliche oder angebliche oder vermeintliche) außeralltägliche Qualität eines Menschen verstanden werden. Unter charismatischer Autorität also eine (sei es mehr äußerliche oder mehr innerliche) Herrschaft über

Menschen, welcher sich die Beherrschten kraft des Glaubens an diese Qualität dieser bestimmten Person fügen. Der magische Zauberer, der Prophet, der Führer auf Jagd- und Beutezügen, der Kriegshäuptling, der so genannte cäsaristische Herrscher, unter Umständen das persönliche Parteihaupt, sind gegenüber seinen Jüngern, seiner Gefolgschaft, der von ihm geworbenen Truppe, der Partei usw. solche Herrschertypen … Die Herrschaft wird nicht nach generellen Normen, weder traditionellen, noch rationalen, sondern – im Prinzip – nach konkreten Offenbarungen und Eingebungen gehandhabt und ist in diesem Sinne ›irrational‹.«[38]

An einer anderen Stelle[39] hat Weber genauer ausgeführt, was er unter »außeralltäglicher Qualität« versteht. Er zählt eine lange Reihe von religionsgeschichtlich bekannten Phänomenen aus verschiedenen Zeiten und Kulturen auf, die er »Zustände« nennt und deren »psychische Außeralltäglichkeit« ihm evident erscheint, weil sie ekstatischer oder kontemplativer, jedenfalls aber ungewöhnlicher Art sind. (Heute spricht man, wie bereits erwähnt, von veränderten Wachbewusstseinszuständen, *altered states of consciousness.)* Weber fügt hinzu, dass »religiöse« Zuständlichkeiten sich durch ihre Außeralltäglichkeit von den »profanen« unterscheiden. Was ich vorhin über die »andere Wirklichkeit« gesagt habe, findet in den Überlegungen Webers über den Typ der charismatischen Herrschaft eine Bestätigung.

Der zweite Herrschaftstyp Webers heißt bei ihm »traditionalistisch«[40], der dritte »legalistisch-bürokratisch«[41]. Beide Herrschaftsformen stehen unter dem Gesetz der »Veralltäglichung«: »Offenbarung und Schwert, die beiden außeralltäglichen Mächte, waren auch die typischen Neuerer. Aber beide verfielen, sobald sie ihr Werk verrichtet hatten, in typische Art der Veralltäglichung … Der Prozeß der Veralltäglichung, und das hieß: Traditionalisierung, hatte eingesetzt.«[42]

Die »Veralltäglichung des Charisma« lässt sich am Beispiel Dschingis Khans oder Hitlers ebenso studieren wie am Beispiel

Jesu Christi oder Mohammeds. Webers Betrachtungsweise ist, wie daraus hervorgeht, »wertfrei« – was er immer wieder betont hat. Der Blick des Gelehrten, im Geist über die Jahrhunderte streichend, muss umso fühlloser werden, je schärfer er sieht. Was er sieht, sind Regeln, Gesetzmäßigkeiten, Abläufe – nicht Menschen. Der Blick des Herrschers ist ähnlich beschaffen.

Mit seinen drei Typen der Herrschaft vermag Weber die letzten zwei Jahrtausende in Europa als Folge einer Sequenz zu strukturieren, die von »charismatisch« über »traditionalistisch« zu »legalistisch-bürokratisch« voranschreitet. Der dritte Typ kennzeichnet die gegenwärtige Lage im modernen Staat. Die Zwischenphase des traditionalistischen Herrschens sieht Weber im »Patriarchalismus« verkörpert, der Herrschaft des Hausvaters, Ehemannes, Hausältesten, Sippenältesten, des Herrn und Patrons über die Leibeigenen, Hörigen, Freigelassenen, des Fürsten über Ministerialen, Klienten, Vasallen und alle Untertanen. Der Patriarchalismus stützt sich laut Weber auf ein System unverbrüchlicher, als absolut heilig geltender Normen, deren Verletzung göttliche Strafen nach sich zieht. Innerhalb dieses Systems schaltet und waltet der Herr weitgehend unreglementiert, also willkürlich, manchmal gnädig, manchmal ungnädig. Wenn man das eingangs erwähnte Buch von Kapuściński liest, bekommt man einen anschaulichen Eindruck, wie eine derartige patriarchale bzw. traditionalistische Herrschaft tagtäglich funktioniert.

Weber betont, dass seine drei Typen nicht als säuberlich getrenntes Hintereinander aufzufassen sind, dass mit anderen Worten die jeweils älteren Typen »rudimentär« in die späteren hineinreichen.

Die Antwort auf die Frage, »wann Allmacht zu Ohnmacht wird«, kann mit der Hilfe des Weberschen Konzepts der »Veralltäglichung des Charismas« nunmehr gegeben werden. Die religiöse Aura um die Machthaber vom Typ des Königs von Gottes Gnaden – um diesen ist es in diesem Kapitel gegangen – beginnt in jenem Augenblick zu verschwinden, in dem der erste Untertan den Gedanken hat: Der König ist meinesgleichen, er ist ja auch nur ein Mensch. Das ist der Augenblick, in dem für den König schon alles verloren ist. Deshalb benötigt er, mehr als alles andere, jene feierlichen Begehungen, Thronbesteigungsfeiern, Insignien, Prachtentfaltungen, die den Glanz um seine Person immer wieder neu erstrahlen lassen, für alle, ohne Ausnahme. »Es muss Bräuche geben«, singt die Klytämnestra Hugo von Hofmannsthals in der »Elektra«. Wer die Bräuche in Frage stellt, ist gefährlicher als ein feindliches Heer. Das feindliche Heer, wenn es siegt, ersetzt den gerade regierenden König durch einen anderen, das System bleibt intakt. Das ist immer wieder geschehen, und immer noch werden die Kinder in der Schule mit diesen im Grund banalen Vorgängen gefüttert. Die Darstellung des Machtverfalls von innen her wäre mindestens ebenso interessant.

4. Die Macht der Priester

Tempelkultur und Opferdienst

»Sind dir etwa nur die Zehntausende Großer und Starker teuer? Und die übrigen Millionen, zahlreich wie der Sand im Meer, derer, die schwach sind, aber dich dennoch lieben, sollen sie nur zum Opfer dienen für die Großen und Starken? Nein! Uns sind auch die Schwachen teuer. Wohl sind sie lasterhaft und aufrührerisch, aber schließlich werden sie sich dennoch uns fügen. Anstaunen werden sie uns und uns für Götter halten, weil wir bereit sind, die Freiheit zu ertragen, vor der es ihnen graut, und über sie zu herrschen – so furchtbar muss es ihnen schließlich erscheinen, frei zu sein.«

Fjodor Dostojewskij, Die Brüder Karamasoff
(Der Großinquisitor)

Das berühmte Kapitel »Der Großinquisitor« in den »Brüdern Karamasoff« von Dostojewski (Erstveröffentlichung 1879/80) ist der fiktive Monolog eines spanischen Großinquisitors aus dem 16. Jahrhundert vor dem auf die Erde zurückgekehrten Christus, den der Inquisitor sofort ins Gefängnis hat werfen lassen und den er dort in der Nacht besucht. Als Autor des Textes lässt Dostojewskij den Freigeist und Atheisten Iwan Karamasoff auftreten, der die Geschichte seinem frommen Bruder Alescha erzählt.

Der Hauptvorwurf des alten Priesters an den Erlöser: »Du hast zu hoch von den Menschen gedacht.« Die Rede des Priesters ist eine einzige Verteidigung der römischen Kirche, so wie sie geworden ist, eine Einrichtung für die Massen. Der Angesprochene antwortet nicht, er steht lediglich auf und küsst den Greis auf die Lippen. Der wiederum öffnet die Tür des Gefängnisses »und lässt ihn hinaus in die dunklen Gassen der Stadt«.

Dieser Text Dostojewskijs wurde deshalb als Einstieg in das Thema dieses Kapitels gewählt, das sich mit dem Phänomen der Priesterschaften verschiedener Zeiten und Kulturen und dem »Typ« des (männlichen) Religionsdieners beschäftigen soll, weil er im Leser eine gewisse Ambivalenz der Einstellung zu dem prototypischen Vertreter der »Heilsmassenanstalten«, wie Max Weber die großen Kirchen und Religionsverbände nannte, offen hält. Nicht nur als zynischer Betrüger und kalter Machtpolitiker steht der Kirchenmann vor seinem Heiland, sondern auch als einer, der zunächst »in der Wüste war«, um sich darauf vorzubereiten, »in die Schar der Auserwählten« zu treten. »Aber ich kam zur Besinnung ... und schloss mich denen an, die deine Tat der Menschennatur anpassen.« Damit werden der gute Jesus und der böse Inquisitor bei Dostojewskij in einen Gegensatz gebracht, der nicht ganz eindeutig ist. Nachdem Jesus den Greis auf die Lippen geküsst hat, schreibt Dostojewskij: »Der Greis erzittert. Irgendetwas regt sich in seinen Mundwinkeln.« Und nachdem dann Jesus davongegangen ist: »Sein Kuss brennt im Herzen des Greises. Und doch blieb der bei dem, was er gesagt hatte.«

Der grundlegende Text aus dem Denken der Aufklärung über die Priester als Volksbetrüger, die mit der Jenseitshoffnung und -drohung die Menschen zur Fügsamkeit gegenüber den Obrigkeiten erziehen, ist im »Systeme de la nature ou des lois du monde physique et du monde moral« des Paul-Henri Dietrich Freiherrn von Holbach (1723–1789) nachzulesen. Das Werk erschien erstmals 1770. Über das Dogma des Weiterlebens nach dem Tod schrieb Holbach: »Man kann nicht leugnen, dass dieses Dogma für diejenigen von großem Nutzen war, die dem Volk Religionen gaben und sich zu Priestern machten; es wurde die Grundlage ihrer Macht, die Quelle ihrer Reichtümer und die beständige Ursache von Blindheit und Schrecken, in denen sie die menschliche Gattung festhalten wollten.«[43]

Die damit formulierte Theorie vom Priesterbetrug ging aus von der Annahme einer Verschwörung der Mächtigen, des Adels und des Klerus gegen das Volk, das in geistiger Unmündigkeit gehalten werden sollte. Michail A. Bakunin (1814–1876) zog daraus die radikale Konsequenz: »Es ist an der Zeit, mit allen Päpsten und Priestern ein Ende zu machen; wir wollen keine mehr, selbst wenn sie sich sozialistische Demokraten nennen.«[44]

Der einzige Staat, der diese Forderung in die Praxis umsetzte, war Albanien. Dort wurden im Jahr 1948 alle Religionsgemeinschaften illegal. Im Jahr 1967 erklärte sich Albanien zum atheistischen Staat; alle Moscheen, Kirchen, Synagogen wurden geschlossen, jegliche Kulthandlung wurde als Verbrechen gegen den Staat strafrechtlich verfolgt, die Geistlichkeit bekam Arbeitsplätze in Landwirtschaft und Industrie zugewiesen.

In allen übrigen Ländern der Erde sind die Religionsdiener nach wie vor unter verschiedenen Namen tätig, als Popen, Rabbis, Mullahs, Lamas. Sie begegnen einander mit Misstrauen, wenn ihre Loyalitäten gegensätzlicher Art sind, was man in gemischt konfessionellen Gegenden leicht beobachten kann. Der Typ des Priesters, nach Joachim Wach unter allen Verkörperungen religiöser Autorität der »umfassendste«, ist überall dort zu finden, wo es ritualisierte Kulthandlungen gibt: »In der Hauptfunktion des Priesters, der kultischen, wird der eigentliche Unterschied zwischen dem Priester und den anderen Typen religiöser Autorität wie Zauberer, Wahrsager und Beschwörer offensichtlich. Gottes-Dienst als eigentlicher Ausdruck des religiösen Erlebens, wie primitiv oder rudimentär seine Form auch sein mag, ist Hauptanliegen des Priesters. Dieser bürgt für die richtige Ausführung der vorgeschriebenen Kulthandlungen. Der Priester ist Wächter der Überlieferungen und Bewahrer des heiligen Wissens sowie der richtigen Art von Meditation und Gebet. Er ist der Hüter des heiligen, der kosmischen, sittlichen und rituellen Ordnung entsprechenden Gesetzes, in der die Welt, die Gemeinschaft und der Einzelne ihren Anker haben. Als Interpret dieses Gesetzes kann der Priester als Richter, Administrator, Lehrer und Gelehrter fungieren, kann Normen und Verhaltensregeln formulieren und auch deren Einhaltung durchsetzen … Die Systematisierung der Mythen und Lehren, die Formulierung der Glaubensbekenntnisse und die Sammlung, Redaktion und Kodifizierung der heiligen Schriften sind priesterliche Angelegenheit. Dies zeigt sich schon in der Religion der Maya und Azteken, der Ägypter, Babylonier, Syrer und Phönizier, der Teutonen und Kelten, auch der Perser, Hindu, Chinesen und Japaner; und es tritt noch mehr in den Vordergrund bei den großen Weltreligionen wie dem Frühchristentum, der orthodoxen Ostkirche, der Anglikanischen sowie der alten protestantischen Kirche, dem Zarathustrismus, Manichäismus, Judaismus, Mandäismus, Mohammedanismus, Buddhismus, Jainismus, Konfuzianismus und Taoismus … Im Verlauf seiner Entwicklung weicht der priesterliche Einfluss zurück, und andere Führertypen tauchen auf. Sie beginnen die westliche Kultur zu beherrschen; Gestalten wie die des Gelehrten, des Philosophen, des Literaten, des Staatsmannes und des reichen Kaufherrn.«[45]

Die ältesten Zeugnisse für das Auftreten organisierter Priesterschaften sind seit dem Beginn des 19. Jahrhunderts in Mesopotamien und Ägypten ausgegraben worden. Was das alte Ägypten anlangt, so ist das Wissen über die dortigen Religionsverhältnisse inzwischen so reich an Details, dass Thomas Mann in seiner Romantriologie »Joseph und seine Brüder« eine außerordentlich farbige Schilderung der gottesdienstlichen Verehrung des heiligen Stiers in Memphis zu geben vermochte: »Ein Priester, dem ein Leopardenfell mitsamt den Tatzen und dem Schwanze im Rücken hing, erniedrigte die Stirn und streckte dann, ein Bein vor das andre gestellt, den gestielten Räuchernapf gegen den Bullen aus, der mit gesenktem Kopfe witternd die dicken und feuchten, vom Würzrauch gekitzelten Nüstern blähte. Er nieste wuchtig, und das verdoppelte die dringlichen Zurufe des Volkes und seine Freudensprünge auf einem Bein … Auch kamen Frauen zum Vorschein, Tempelmädchen mit offenem Haar, nackt immer die eine und nur mit einem Gürtelbande oberhalb der ausladenden Hüften angetan, in einem langen, schleierfeinen Gewande die zweite, das vorne offen stand und ebenfalls ihre ganze Jugend erblicken ließ. Im Tanz die Szene umschreitend, schüttelten sie Sistren und Tamburine über ihren Köpfen und hoben das gerade ausgestreckte Bein erstaunlich hoch aus der Hüfte. Ein Vorlesepriester, zu Füßen des Stieres sitzend, der Menge zugewandt, begann mit wiegendem Kopfe aus seiner Buchrolle einen Text zu psalmodieren, in dessen wiederkehrende Worte das Volk einfiel.«[46]

Im Ägyptischen gab es kein Wort für »Religion«, ebenso wenig wie für »Frömmigkeit« oder »Glaube«, wohl aber eine ganze Fülle von Vokabeln für »Opfer« (und die damit verbundenen Gegenstände und Handlungen) und für »Priesterwesen«.

Das alte Priesterwesen hat man sich in weitläufigen Arealen vorzustellen, die als eigener Bezirk in den Stadtlandschaften nicht nur die Tempel und Kultplätze umschlossen, sondern auch Ställe, Wirtschaftsgebäude, Magazine, Wohngelegenheiten, Werkstätten. Im alten Ägypten, Mesopotamien, Indien, China, aber auch in den präkolumbianischen Kulturen Mittel- und Südamerikas dirigierten die Priester große Wirtschaftsunternehmungen rund um die Tempelanlagen mit Handwerksbetrieben für die Herstellung und Reparatur der Götterbilder wie in Mesopotamien, wissenschaftlichen Einrichtungen für die Beobachtung der Gestirne und die Erstellung des Kalenders. Bei den Azteken waren die Priester in 38 Klassen eingeteilt und beherrschten das öffentliche Leben. In der dortigen Teotihuacan-Kultur (bis 1000 n. Chr.) bedeckten die Tempelanlagen ein Areal von 7,5 Quadratkilometern. Ähnlich war es im alten Babylon, wo der Tempelbezirk unmittelbar an den königlichen Palast anschloss.

Auch in den Städten des mittelalterlichen Europa schufen sich die christlichen Priesterschaften rund um Kathedral- und Klosterkirchen ihre eigenen Domänen, deren Kreuzgänge heute die Touristen entzücken. Im Bereich des Islam vermitteln die wichtigeren Moscheen mit den ihnen angeschlossenen Schulen ebenfalls den Eindruck von Sakralbezirken, die sich architektonisch von den Wohnquartieren unterscheiden.

Priesterwesen und Tempelkultur erscheinen somit als transkulturelles Universal der letzten 5000 Jahre, anzutreffen überall dort, wo es Städte, Könige und schriftliche Aufzeichnungen gab. Die Frauen kommen in diesem System lediglich als Publikum, untergeordnete Arbeitskraft und gelegentlich als Prostituierte vor. Manchmal wurden sie in besonderen Fällen als Opfer für missgünstige oder unaufmerksame Götter getötet.

Die faktische Dominanz der Männer über die Frauen springt angesichts des Priesterwesens als »patriarchale« Herrschaftsform in die Augen. Seit der Entdeckung des »Mutterrechts« durch den Basler Rechtsgelehrten Johann Jakob Bachofen (1815–1887) wird in der weltanschaulichen Diskussion dem »Patriarchat« ein »Matriarchat« entgegengesetzt als ältere und lebensfreundlichere Form menschlichen Zusammenlebens. In seinem 1861 erstmals erschienenen Buch »Das Mutterrecht« analysierte Bachofen ein umfangreiches Material römischer und griechischer Mythen, Rituale und Symbole. Er postulierte nahezu gleichzeitig mit dem amerikanischen Ethnologen L.H. Morgan und unabhängig von dessen Forschungen, die in die gleiche Richtung gingen, eine Frühform sozialer und religiöser Organisation, deren Prinzipien »der Liebe, der Einigung, des Friedens« inmitten eines Gewalt erfüllten Lebens wirksam wurden, durch die Hoheit der Mütter. »In den Mutterstaaten hat diese Seite des Mutterprinzips vielfältigen Ausdruck, ja selbst rechtlich formulierte Anerkennung gefunden. Auf ihr ruht jenes Prinzip allgemeiner Freiheit und Gleichheit, das wir als einen Grundzug im Leben gynaikokratischer (= frauenherrschaftlicher) Völker öfter finden werden … das besondere Lob der verwandtschaftlichen Gesinnung und einer Symphateia, die, keine Grenzen kennend, alle Glieder des Volkes gleichmäßig umfasst. Abwesenheit innerer Zwietracht, Abneigung gegen Unfrieden wird gynaikokratischen Staaten besonders nachgerühmt.«[47]

In der feministischen Literatur sind die Gedanken Bachofens aktualisiert worden.[48] Die Tatsächlichkeit »matriarchaler« Gesellschaften ist wissenschaftlich kontrovers, sie wird jedenfalls in der Form einer allgemein vorhanden gewesenen Struktur häufig bestritten, auch von Autorinnen und Autoren, die der feministischen Sache nicht abhold sind.

Im Dunkel bleibt bei alledem die Entstehung des männlichen Priesterwesens. Es steht im vollen Ornat bereits auf der Bühne, sobald sich der Vorhang zum ersten Akt der Schriftkulturen hebt. Ob vorher matriarchale Priesterinnen überall durch patriarchale Priester verdrängt wurden, wie Bachofen meinte, ist nicht sehr wahrscheinlich. Die früh- und vorgeschichtliche Wirklichkeit ist komplexer, wie bei Hans Peter Duerr[49] nachzulesen ist, der auch heutige stammesgesellschaftliche Riten diskutiert.

Der Bruch im Daseinsgefühl der Menschen, wie er sich vermutlich während des Übergangs von der wildbeuterischen zur pflanzerischen und bäuerlichen Existenzform im Neolithikum ab dem Ende der letzten Eiszeit ereignete, ist derzeit der brauchbarste Hinweis zur Erklärung des Aufstiegs der alten Priesterkasten: »Man kann wohl sagen, dass der Grad der Einflussnahme auf das Naturgeschehen mit der Verlässlichkeit ausreichender Nahrungsressourcen variiert. Da die Wildbeuter – im Gegensatz zu den an die Scholle gebundenen Bauern, die gewissermaßen mit dem Rücken zur Wand stehen – auf Grund der Flexibilität ihrer Lebensweise und der geringen Bevölkerungszahl selten ernsthafte Nahrungsprobleme hatten, waren auch ihre ›rituellen Eingriffe‹ in die Natur verhältnismäßig gering. So steht auch die kaum getrübte Lebensfreude, die viele Ethnographen bei den meisten Wildbeutern beobachtet haben, die Liebe zum Leben, so wie es *ist* und nicht, wie es *sein sollte,* in markantem Gegensatz zum Lebensgefühl der Pflanzer, Bauern, Hirtennomaden und der Angehörigen der Industriegesellschaften, die entweder in mühsamer Arbeit im Schatten der drohenden Missernten die ewige Wiederkehr des Gleichen erhoffen bzw. zu erzwingen versuchen, oder denen lediglich die Perspektive, dass eines Tages alles *ganz anders* sein wird, den Weg durch das Jammertal erträglich sein lässt.«[50]

Wie Dürr zeigt, verwandelte sich die eiszeitliche »Herrin der Tiere«, die für die periodische Wiederkehr der jagdbaren Tiere zuständig war, allmählich zur »Großen Mutter« der bäuerlichen Kulturen im Mittelmeerraum. Im frühneolithischen Landstädtchen Catal Hüyük (Anatolien), das seit 1961 teilweise ausgegraben wurde und dessen älteste Schichten in die Zeit um 6500 v. Chr. zurückreichen, war diese Muttergottheit von Priesterinnen umgeben. Die Existenz männlicher Priester in Catal Hüyük ist zwar nicht auszuschließen, war jedoch nicht dominant. Die Priester übernahmen die Herrschaft erst mit dem Auftreten der königlichen Dynastien in Mesopotamien und Ägypten.

In Ägypten öffneten die Priester jeden Morgen den Schrein des Kultbildes, warfen sich zuerst vor dem Bild nieder und machten dann mit ihm Toilette. Sie wuschen das Bild, legten ihm neue Kleider an, salbten und schminkten es, setzten ihm eine Krone auf und beräucherten es. Alle diese Verrichtungen wurden mit umständlicher Feierlichkeit vorgenommen und von Gebeten begleitet, die das Geschehen göttergeschichtlich (mythologisch) deuteten. Dabei gab es keine Gemeinde, die zusehen durfte. Lediglich an Festtagen (und mitunter war das jeder dritte Tag) verließ das Kultbild seine Kammer im Innersten des Tempels und wurde von den Priestern in feierlicher Prozession unter die Menge gebracht.

Ähnlich war es in Mesopotamien. Dort wurde das Götterbild zweimal täglich ausgiebig bewirtet, am Morgen und am Abend. Zunächst wurde ein Tisch hereingebracht und vor dem Bild aufgestellt, dann Wasser in einer Schüssel zum Waschen angeboten. Es folgte eine genau festgelegte Anzahl flüssiger und halbflüssiger Gerichte als Vorspeisen. Als Hauptspeise wurden Fleischschnitten serviert, abschließend gab es Früchte. Während der Mahlzeit wurden Tisch und Götterbild mit Vorhängen verhüllt.

Dazu gab es Musikbegleitung und viel Weihrauch. Anschließend wurden die Gerichte zum königlichen Palast hinübergetragen, um dort verzehrt zu werden. Gelegentlich wurden die Bilder geringerer Götter zur morgendlichen Begrüßung vor das Bild des vornehmsten Gottes gebracht. Die Götterbilder wurden in speziellen Tempelwerkstätten angefertigt, aus kostbaren Hölzern. Sie waren mit Gold überzogen und hatten einen raffiniert starren Blick, der durch das Einsetzen von Edelsteinen in die Augenhöhlen erzielt wurde. In langen nächtlichen Zeremonien wurden die Bilder, wenn sie fertig waren, einem Ritual unterzogen, das die leblose Materie zu einem Ort göttlicher Gegenwart verwandeln und den Bildern die Fähigkeit verleihen sollte, zu sehen und zu hören. Die Bilder waren mit kostbaren Roben bekleidet und mit Tiaren gekrönt. Fast immer hatten sie menschliche Gestalt. Sie standen in dem innersten Raum des Tempels, der so genannten *cella,* und wurden wie in Ägypten nur an den Feiertagen unter das Volk gebracht.

Die mesopotamischen Priester waren außerdem als Wahrsager tätig, in erster Linie für den König. Die Divinationsformen waren vielfältig und höchst elaboriert. Beobachtet wurden unter anderem der Flug der Vögel, das Wetter, die Sterne, die inneren Organe von Opfertieren (Schafen). Die Eingeweideschau umfasste die Prüfung der Luftröhre, der Lunge, der Leber und der Gallenblase nach den Gesichtspunkten der Größe und Lage, wobei man über die anatomischen Verhältnisse sehr genau Bescheid wusste. Es gab Modelle der inneren Organe aus Ton und ganze Kompendien für die korrekte Abwicklung der entsprechenden Untersuchungen. Auch im alten China und bei den Etruskern waren die Priester in der Eingeweideschau beschlagen.

Vom mesopotamischen und ägyptischen Priesterwesen führt eine direkte Verbindung zum jüdischen Tempelpriestertum des ersten vorchristlichen Jahrtausends in Jerusalem, das wiederum für die christlichen Priesterschaften zum maßgeblichen Vorbild wurde. Bevor ich auf diese Entwicklung eingehe, muss ich jedoch auf einen für das Priesterwesen zentralen Komplex zu sprechen kommen, nämlich denjenigen des Opferns.

Im alten Karthago wurden zwischen 400 und 200 v. Chr. rund 20 000 neugeborene Kinder als Opfer getötet, wie deutsche Archäologen herausfanden.[51] Die Kinder wurden dem bereits erwähnten Baal dargebracht, im Durchschnitt hundert pro Jahr. Bei den Azteken war die Zahl der erforderlichen Opfer weitaus höher. Beim letzten Umbau des Haupttempels von Tenochtitlan im Jahr 1487 wurden während der viertägigen Einweihungsfeiern etwa 20 000 Menschen geopfert. Es handelte sich um Kriegsgefangene, denen mit einem Steinmesser die Brust aufgeschnitten wurde. Dann riss der Priester das Herz des Opfers heraus. Nachher wurde der Kopf des Opfers abgeschnitten und auf einem Schädelgerüst aufgespießt. »Die Priester boten mit ihren schwarz bemalten Körpern, ungepflegten Haaren und von Kasteiungen zerfetzten Ohren einen finsteren, unheimlichen Anblick; sie trugen als Handwerkszeug am Arm Täschchen mit Räucherwerk und auf dem Rücken Kalebassen mit Tabakspillen, die sie kauten, um sich in Trance zu versetzen. Zum Beruf des Priesters, der ja zugleich auch ein Gelehrter war, gehörten auch Himmelsbeobachtung, Kalenderkunde und die Abfassung der Bilderhandschriften, die zum großen Teil augurischen Zwecken dienten.«[52]

Das Menschenopfer, eine in der Menschheitsgeschichte gar nicht seltene Erscheinung, hat die spekulativen Begabungen unter den Religionshistorikern mächtig angeregt. Bereits Aristoteles machte sich Gedanken über das Opfer und meinte, dessen ursprünglichste und älteste Form sei das Darbringen der »Erstlinge«, also zum Beispiel einiger Büschel des geernteten Getreides (Nikomachische Ethik 1160 A, 25ff.). Der Religionswissenschaftler Pater Wilhelm Schmidt (1868–1954) vom katholischen Missionsorden »Societas Verbi Divini« erneuerte diese Theorie und betrachtete das Menschenopfer als Entartungserscheinung. Schmidt war ein erbitterter Gegner Sigmund Freuds und dozierte bis 1938 an der Universität Wien das Fach Völkerkunde. Sein zwölfbändiges Hauptwerk »Der Ursprung der Gottesidee« versuchte die allgemeine Verbreitung des Glaubens an einen einzigen »Hoch«-Gott auf den frühesten Kulturstufen der Jäger und Sammlerinnen nachzuweisen, was ihm von der Fachwelt allerdings nicht abgenommen wurde. Eine andere Auffassung vertrat der Ethnologe Adolf Ellegard Jensen[53]. Auch ihm fiel auf, dass bei den Sammlerinnen/Jägern (den so genannten Wildbeutern) die rituelle Tötung nicht vorkommt und dass sie erst unter den Pflanzern erscheint. Jensen interpretierte die rituelle Tötung nicht als Entartung, sondern situierte sie im Habitat der Pflanzerkulturen, als Antwort auf die Sorgen von Menschen unter unsicheren Lebensbedingungen. Von einem Sinngehalt der Opfervorstellung hielt Jensen nichts, weil er es absurd fand, dass eine Gottheit an der Vernichtung von Sachwerten, Pflanzen, Tieren und Menschen Vergnügen finden sollte. Die blutigen Opfer der archaischen »Hochkulturen« bezeichnete Jensen als Degeneration der pflanzerischen Tötungsrituale, worunter er auch den Kannibalismus und die Kopfjagd rechnete.

Das berühmteste Beispiel einer umständlichen Auseinandersetzung mit der Erscheinung des Menschenopfers, und zwar in der Form der rituellen Ermordung des Königs, ist *The Golden Bough* von Sir James Frazer (1854–1941), ein dreizehnbändiges Werk. Frazer war Rechtsanwalt und Privatgelehrter in Glasgow, seit 1921 Fellow am Trinity College der Universität Cambridge. Sein Vorwort zur zweibändigen Ausgabe des Werks aus dem Jahr 1922 fängt so an: »Dieses Buch hat sich in erster Linie zum Ziel gesetzt, die merkwürdige Regelung der Nachfolge in das Priesteramt beim Dianatempel in Aricia zu erklären. Als ich mich vor über dreißig Jahren daranmachte, eine Lösung dieses Problems zu finden, glaubte ich, sie in sehr kurzer Form darlegen zu können; bald musste ich jedoch feststellen, dass eine Erörterung bestimmter Fragen allgemeinerer Art, von denen manche bisher kaum untersucht worden waren, unerläßlich war, wenn die Lösung dem Leser einleuchten oder auch nur verständlich sein sollte.«[54]

Die »merkwürdige Regelung der Nachfolge in das Priesteramt beim Dianatempel« in der Nähe des antiken Aricia in den Albanerbergen bei Rom spielte sich am heutigen Nemi-See ab, wo früher einmal Tempel und Hain der heiligen Diana lagen: »In diesem heiligen Haine wuchs ein bedeutungsvoller Baum. In seiner Nähe konnte man zu jeder Stunde des Tages und auch wohl bis tief in die Nacht hinein eine düstere Gestalt umherstreifen sehen. Die Hand des Mannes umklammerte ein blankes Schwert und immer wieder hielt er vorsichtig Umschau, als erwarte er jeden Augenblick einen feindlichen Überfall. Er war Priester und Mörder zugleich, und der Mann, nach dem er ausschaute, sollte ihn über kurz oder lang ermorden, um die Priesterwürde an seiner Statt zu übernehmen. So wollte es die Ordnung des Heiligtums. Wer nach der Priesterwürde strebte, konnte sein Amt nur antreten, wenn er den derzeitigen Priester ermordete. Hatte er diese Tat vollbracht, so blieb er so lange im Amt, bis er selbst von einem Stärkeren und Geschickteren getötet wurde.«[55]

Die Pointe der Geschichte aus dem klassischen Altertum liegt in der Widmung des Waldheiligtums, das einer weiblichen Gottheit gehörte. Ihretwegen mussten die Männer einander umbringen. Für die romantische Ära, in der Frazer aufwuchs, war das ein faszinierender Gedanke. Der schottische Gelehrte verfolgte ihn durch ein Labyrinth volkskundlicher, völkerkundlicher und altertumswissenschaftlicher Informationen und gelangte dabei zu dem Brauch mancher Völker, alternde oder kranke Könige hinzurichten. Frazer nahm an, dass diese Sitte in grauer Vorzeit überall auf der Welt praktiziert worden war, und hatte damit ein Universal gefunden, aus dem sich die späteren Formen menschlichen Zusammenlebens ableiten ließen, im Sinn eines Entwicklungsgedankens, der von der Magie über die Religion zur modernen Wissenschaft führte. Im Rahmen dieser Spekulation legte sich die Vermutung nahe, dass irgendwann einmal die Könige den Wunsch verspürten, friedlich im Bett sterben zu dürfen, und alles daransetzten, ihrer Opferung zu entgehen. Sie hätten ihr Ziel dann dadurch erreicht, dass sie nach Ersatzopfern suchten, deren Rache sie nicht zu fürchten brauchten.

Die Unbeweisbarkeit solcher Gedankenspiele mindert keineswegs ihren Reiz. Frazer schrieb zu einer Zeit, in der die säuberliche Trennung zwischen literarischer und wissenschaftlicher Produktionsweise noch nicht so scharf durchgeführt war wie heute. Inzwischen wagt es kein Fachgelehrter mehr, alle vorhandenen Informationen über das Opferwesen unter einen theoretischen Hut zu bringen. Die einzige Vermutung, der einige Verlässlichkeit zukommt, ist die Situierung des blutigen Opferwesens in den Kulturen der Pflanzer, der Bauern und der Hirtennomaden; unter den Sammlerinnen/Jägern sucht man die rituelle Abschlachtung von Tieren und/oder Menschen vergeblich. Warum es ausgerechnet die Männer waren, die sich als Priester den Opferbetrieb aneigneten, gleichzeitig mit dem Kalenderwesen, der Wahrsagerei und der Schriftkunde in den so genannten Hochkulturen ab 3000 v. Chr., bleibt bis auf weiteres ihr Geheimnis. Dass die männlich dominierte Religionswissenschaft bislang keine brauchbare Theorie für die Entstehung des Priestertums liefern konnte, ist ein Teil dieses Mysteriums.

Der erste historisch fassbare Protest gegen das Opferwesen regte sich im alten Israel um die Mitte des ersten vorchristlichen Jahrtausends. (Zur selben Zeit trat der Buddha [563–483 v. Chr.] gegen die indische Priesterkaste der Brahmanen an.) Die Kritik der israelischen »Propheten«, wie sie genannt werden, richtete sich gegen den Opferbetrieb der Tempelpriester in Jerusalem: »Was soll mir die Menge eurer Schlachtopfer, spricht Jahwe. Brandopfer von Widdern und Fett von Mastkälbern habe ich satt. Das Blut von Stieren und Böcken bin ich leid. Wenn ihr kommt, mein Angesicht zu schauen – wer hat von euch verlangt, dass ihr meine Vorhöfe zerstampft? Bringt mir nicht dauernd vergebliche Gaben, ihr Rauch ist mir ein Gräuel. Neumond und Sabbat und den Ruf zu Festversammlungen – ich ertrage nicht länger Feier und Fest! Eure Neumonde und Festzeiten hasst meine Seele; sie sind mir zur Last geworden. Ich bin es müde, sie zu ertragen. Und wenn ihr eure Hände ausbreitet, dann verhülle ich meine Augen vor euch. Mögt ihr noch so viel beten, ich höre nicht hin. Eure Hände sind voll Blut.« (Jesaja 1,11–15)

Die klassische Formulierung der prophetischen Kritik an Opferwesen und Priestertum ist in zwei Sätzen des biblischen Buches Hosea ausgesprochen: »Mit dir, Priester, will ich ins Gericht gehen«; »Liebe will ich, nicht Opfer« (Hosea 4,4; 6,6). Die Mehrzahl der Juden fand die Angriffe der Propheten, einer Art Oppositioneller der damaligen Zeit, gegen den Tempel eher übertrieben. Sie feierten weiterhin ihre Feste und opferten zu bestimmten Anlässen ein Lamm, beispielsweise zu Ostern. Die Zerstörung des Tempels durch ein babylonisches Heer im Jahr 587 v. Chr. war ein Ansporn für sie, den Tempel neu aufzubauen, und schließlich übertraf Herodes der Große (37–4 v. Chr.) alle früheren Bauunternehmungen in Jerusalem mit der Errichtung eines Tempels, der als Weltwunder galt.

Um diese Zeit wurde in Palästina ein Jude geboren, der die prophetische Kritik am Priestertum sehr energisch wiederum aufnahm – Jesus (=Jeschua) aus Nazaret, genannt Sohn des Zimmermanns. Der Nazarener zitierte in seinen Predigten den alten Spruch Hoseas gegen das Opferwesen, schwang die Geißel gegen die Geldwechsler im Tempel und überging die Priesterschaft mit Schweigen. Das griechische Wort für Kultpriester (hiereus) findet sich in den vier Evangelien ganze elfmal, und nie in einem affirmativen Sinn. Die Priesterschaften der heutigen Großkirchen, ihr Klerus also, können sich von Jesus her nicht legitimieren. Jesus selbst hatte andere Dinge im Kopf, so viel steht heute fest.

Am 29. August 70 n.Chr. eroberten die Soldaten des römischen Feldherrn Titus, der Jerusalem wegen eines jüdischen Aufstands belagert hatte, den inneren Vorhof des Tempels und setzten Feuer aufs Dach. Der Tempel wurde zur Gänze vernichtet, und das jüdische Priestertum gehört seitdem der Vergangenheit an.

Dagegen reklamierten die Vorsteher (Älteste genannt, im Griechischen *presbyteroi,* davon abgeleitet »Priester«) der jungen christlichen Gemeinden bereits gegen Ende des ersten nachchristlichen Jahrhunderts die Würde des jüdischen Priestertums für sich, und dabei blieb es bis heute, jedenfalls in der römisch-katholischen Kirche, in der orthodoxen Christenheit und in etlichen evangelischen Kirchen. Eine Papstmesse im Fernsehen steht somit, religionsgeschichtlich betrachtet, in der Kontinuität einer priesterlichen Tradition, die mindestens 5000 Jahre alt ist und im alten Ägypten und Mesopotamien entstand. Die Weigerung des Papstes, Frauen zum Dienst am Altar zuzulassen, weist in vorgeschichtliche Zeiten zurück.

Das religionswissenschaftliche Lexikon, »The Encyclopedia of Religion«, 1986 in 16 Bänden herausgebracht, teilt das Stichwort »priesthood« in sechs Abteilungen ein: jüdisches, christliches, hinduistisches, buddhistisches, schintoistisches, taoistisches Priestertum. In Bezug auf die Zukunft des Priesterwesens führt der Verfasser zwei Probleme allgemeiner Natur an, die dem Priestertum in den Industriegesellschaften zu schaffen machen. In den meisten Religionsgemeinschaften der modernen Welt stelle der Nachwuchs für das Priesteramt eine ernste Sorge dar, nicht zuletzt aus ökonomischen Gründen; die Bezahlung der Priester ist nirgendwo fürstlich. Zweitens sei ein Nachlassen des Respekts vor der Autorität der Priester heute überall festzustellen, nicht zuletzt deshalb, weil sie längst nicht mehr das Bildungsmonopol innehaben. In der römisch-katholischen Kirche, der größten christlichen Denomination, sank in den letzten zwanzig Jahren die Zahl der Priester von 420 000 auf 405 000 ab.

Die Diskussion um die Rolle des Priesters wird besonders innerhalb der christlichen Kirchen in den Industrieländern der nichtkommunistischen Welt derzeit recht lebhaft geführt. Es geht dabei vornehmlich um die Gleichberechtigung von Frauen im seelsorglichen Dienst. In vielen evangelischen Glaubensgemeinschaften arbeiten Pfarrerinnen. Manche jüdische Gemeinden in den USA lassen Rabbinerinnen zu. Im Einzugsbereich des Islam, von Marokko bis Indonesien, in den orthodoxen und orientalischen christlichen Kirchen, auch in Indien ist die Vorstellung ordinierter Religionsdienerinnen nach wie vor ein abwegiger Gedanke, was sicherlich mit der traditionellen Auffassung über die Rolle der Frauen in den betreffenden Ländern zusammenhängt. Das am Beginn dieses Kapitels formulierte Problem des Großinquisitors in den »Brüdern Karamasoff« von Dostojewski wird durch die Zulassung von Frauen als Religionsdienerinnen nicht erledigt. Mit einem einzigen Satz spricht der Großinquisitor Dostojewskijs aus, was in der landläufigen Soziologie der Institutionen meist im wissenschaftlichen Jargon untergeht: »Wir werden gezwungen sein zu lügen.« Die damit ausgedrückte Kritik am groß- und hochkirchlichen Massenbetrieb, wie er von den christlichen Priesterschaften aufrecht erhalten wird, hat in Europa eine tausendjährige Tradition, von der im 7. Kapitel noch die Rede sein wird. Stets wurde diese Kritik im Namen des armen Jesus gegen die reiche Kirche vorgebracht – von empörten Menschen, die von den kirchlichen und weltlichen Behörden prompt verketzert wurden. Während die Geschichte des Priesterwesens das feierliche, ehrwürdige und düstere Antlitz der Religion darstellt, zeigt die Ketzergeschichte deren rebellisches Potential. Der Gegensatz zwischen heiliger Herrschaft und Brüderbund wurde hauptsächlich innerhalb des männlichen Dispositivs ausgetragen, das die Religionsgeschichte der letzten 5000 Jahre bestimmt hat. Ob er durch Einbeziehung der Frauen in kirchliche Hierarchien lösbar ist, bleibt eine offene Frage.

5. Der Bund der Liebe

Glaubensgemeinden, Außeralltäglichkeit und Charisma

»Das Schicksal Jesu war nicht ganz das Schicksal seiner Gemeine; da sie ein aus mehreren Zusammengesetztes war, die zwar in gleicher Trennung von der Welt lebten, so fand aber jedes Mitglied mehrere ihm Gleichgestimmte, sie hielten sich zusammen und konnten sich in der Wirklichkeit von der Welt entfernter halten, und da damit des Zusammentreffens und Widerstoßens an ihr weniger war, so wurden sie weniger von ihr gereizt, lebten weniger in der negativen Tätigkeit des Kampfes, und das Bedürfnis nach positivem Leben musste in ihnen größer werden, denn Gemeinschaftlichkeit des Negativen gibt keinen Genuss, ist keine Schönheit. Aufhebung des Eigentums, eingeführte Gütergemeinschaft, gemeinschaftliche Mahle gehörten mehr zum Negativen der Vereinigung, als dass es eine positive Vereinigung wäre. Das Wesen ihres Bundes war Aussonderung von den Menschen, und Liebe untereinander.«

Georg Friedrich Wilhelm Hegel, Der Geist des Christentums und sein Schicksal, Gütersloh 1970, 78

Dieser Text des jungen Hegel aus dem Jahr 1799 – der Philosoph war damals 29 Jahre alt – beschreibt die Gruppendynamik der Christenvereine in den ersten Jahrzehnten nach dem Tod Jesu Christi. Die Überlegungen Hegels verraten ein Interesse, das zu jener Zeit noch nicht das Etikett der Soziologie trug, gleichwohl aber gesellschaftliche Verhältnisse im Auge hatte. Im Fall der frühen Christengemeinden handelte es sich um das »Binnenklima« jener Glaubensvereine, wie man im heutigen sozialwissenschaftlichen Jargon sagen würde, um die Regeln ihres Verhaltens zueinander und zur sozialen Umgebung, in der sie lebten. Das Bild Hegels von den frühen Christen war auf die wenigen Nachrichten angewiesen, die in der christlichen Bibel (z. B. dem Brief des Clemens von Rom an die Christen in Korinth) überliefert sind.

Im Jahr 1887 erschien die Streitschrift »Zur Genealogie der Moral« von Friedrich Nietzsche, in der ein eher unfreundliches Bild von den frühen Christen gezeichnet wird: »Wenn man nach den Anfängen des Christentums in der römischen Welt sucht, so findet man Vereine zu gegenseitiger Unterstützung, Armen-, Kranken-, Begräbnisvereine, aufgewachsen auf dem untersten Boden der damaligen Gesellschaft, in denen mit Bewusstsein jenes Hauptmittel gegen die Depression, die kleine Freude, die des gegenseitigen Wohltuns, gepflegt wurde ... Lauter kleine Sekten-Wirtschaft, lauter Rokoko der Seele, lauter Verschnörkeltes, Winkliges, Wunderliches, lauter Konventikel-Luft, nicht zu vergessen einen gelegentlichen Hauch bukolischer Süßlichkeit, welcher der Epoche (und der römischen Provinz) angehört und nicht sowohl jüdisch als hellenistisch ist. Demut und Wichtigtuerei dicht nebeneinander; eine Geschwätzigkeit des Gefühls, die fast betäubt; Leidenschaftlichkeit, keine Leidenschaft; peinliches Gebärdenspiel ... Wie darf man von seinen kleinen Untugenden so viel Wesens machen, wie es die frommen Männlein tun! Kein Hahn kräht danach; geschweige denn Gott. Zuletzt wollen sie gar noch ›die Krone des ewigen Lebens‹ haben, alle diese kleinen Leute aus der Provinz.«

In den hundert Jahren, die seit dem Erscheinen der »Genealogie der Moral« verstrichen sind, haben Gelehrte wie Harnack und Reitzenstein, Jonas und Nock unsere Kenntnisse von der Welt der frühen Christen erweitert und vertieft.[57] Man kennt die Kämpfe um den richtigen Glauben innerhalb der verschiedenen christlichen Fraktionen und das breite Spektrum möglicher Auffassungen über Gott und die Welt in den damaligen christlichen

Gemeinden, den Einfluss gnostischer Spekulationen und mysterienfrommer Erlösungshoffnungen auf die Jesusgläubigen, ihre Neigung zu kollektiven Ekstasen und die ersten Ansätze in Richtung Kirchenzucht.

In diesem Kapitel dienen die frühchristlichen Gemeinden als Ausgangspunkt zur Erörterung jener religiösen Vergesellschaftungsform, deren Zusammenhalt durch persönliche Bekanntschaft gewährleistet ist, also der »Gemeine«, wie Hegel sie nannte. Solche Gruppierungen entstehen auch heutzutage gar nicht so selten, vornehmlich in Milieus, wo Armut, Gewalttätigkeit und Spontaneität des Fühlens zum Alltag gehören – in den Metropolen Lateinamerikas beispielsweise, auch in Afrika und unter der schwarzen Bevölkerung mancher US-Städte. Auf Haiti und in Brasilien, wo der deutsche Schriftsteller und Ethnograph Hubert Fichte unterwegs war, um die afroamerikanischen Kulturen zu studieren und zu beschreiben, äußert sich Religion nicht immer so artig wie in den Pfarrhäusern der etablierten christlichen Kirchen, in einer Moschee oder in einem indischen Dorftempel. Überall dort jedoch, wo sich Menschen assoziieren, um mit der Götterwelt in Verbindung zu treten, bauen sich Kraftfelder auf, deren Dynamik sehr stark werden kann.

Die »Gemeine« Hegels ist (noch) nicht Kirche im Sinn eines organisierten Zusammenhalts von Gläubigen über Landesgrenzen hinweg, nicht Glaubensgemeinschaft wie die islamische »Umma«, auch nicht Sekte oder Ordensverband von Mönchen und Nonnen. Sie ist ortsgebundene »Bruderschaft« und stellte in historischer Sicht eine Gruppierungsform zwischen dem Jüngerkreis und der legalisierten Religionsgemeinschaft dar: »Innerhalb der Bruderschaft gelten Freiheit und Einfachheit. Es gibt keine eindeutigen Grenzlinien und Einschränkungen, vielmehr besteht in dieser Phase der Spiritualität eine Empfänglichkeit für neue Ideen, Eindrücke und Einflüsse. Das Ansehen der großen charismatischen Führer herrscht noch vor und verblasst nur allmählich. Erneuerungen der charismatischen Praktiken treten in Abständen auf… Einfache Symbole sind dazu vorgesehen, dramatisch dieselben Wahrheiten auszudrücken, um welche die Theologie intellektuell ringt. Arten des Gottesdienstes entwickeln sich aus elementaren Formen des Gebets, der Verehrung und des Gesangs.«[58]

Viel spricht dafür, dass religiöse Neubildungen in ortsgebundener Gemeindeform oft mit kollektiven Trancen verknüpft sind. Der seltene Fall, wo während der ekstatischen Krise im Leben einer so genannten Pfingstgemeinde auf der Halbinsel Yucatan (Mexiko) eine Kulturanthropologin zur Stelle war, ereignete sich im August 1970. Wann immer die Gläubigen sich zum Gebet versammelten, wurden viele von ihnen von heftigen Anfällen heimgesucht, die sich durch unverständliches Reden, Zittern am ganzen Körper, Schluchzen, Um-sich-Schlagen und in Erstickungsanfällen äußerten. Die Menschen warfen ihre Bibeln aus der Kirche, sie verbrannten ihre Feiertagskleider, ihre Schuhe, auch Radio- und Fernsehgeräte. Sie wuschen einander die Füße und tranken danach das schmutzige Waschwasser. Manche hatten Visionen, andere wanderten rastlos in den Dörfern umher.[59]

Dass die allererste christliche Gemeinde ekstatische Erlebnisse hatte, lernt bei uns jedes Kind in der Schule: »Als der Pfingsttag angebrochen war, waren alle an einem Ort beisammen. Da entstand plötzlich vom Himmel her ein Brausen, wie von einem daherfahrenden gewaltigen Wind und erfüllte das ganze Haus, in dem sie saßen. Und es erschienen ihnen Zungen wie von Feuer, die sich zerteilten, und es ließ sich auf jeden von ihnen nieder. Und alle wurden von heiligem Geist erfüllt und begannen mit anderen Zungen zu reden, wie der Geist ihnen zu sprechen verlieh« (Apostelgeschichte 2, 1–4).

Bemerkenswert erscheint auch die Reaktion der unbeteiligten Zuschauer in Jerusalem, denen die Ekstatiker »wie Betrunkene« vorkommen – ein Hinweis auf die Differenz zwischen dem alltäglichen Benehmen und den außergewöhnlichen Äußerungen menschlichen Bewusstseins, die so oft mit religiösen Erfahrungen verknüpft sind.

Felicitas Goodman (gest. 2005), eine emeritierte Kulturanthropologin der Denison Universität (Columbus, Ohio, USA), mit der ich persönlich befreundet war und deren Trance-Experimente ich mit Interesse verfolgte, analysierte die Ergebnisse ihrer Feldarbeit in der Pfingstgemeinde auf Yucatan im Rahmen einer Art Krisentheorie. Sie stützte sich dabei auf das Konzept des »crisis cult«, das Weston La Barre[60] vorgeschlagen hat. La Barre ging (mit Bronislaw Malinowski, einem der wichtigsten Völkerkundler unseres Jahrhunderts) von der These aus, dass jeder neue Kult eine Antwort auf eine gesellschaftliche Krise darstellt (»kein Kult ohne Krise«).

Die raschen sozialen Veränderungen auf Yucatan, wie Goodman sie skizzierte, zerstören das traditionelle Normengefüge der dortigen Bauernbevölkerung und machen sie empfänglich für die Botschaft von Missionaren einer Erweckungsbewegung aus den USA, den so genannten Pfingstlern, die in den von ihnen gegründeten Gemeinden auf Yucatan Trance-Gottesdienste stimulieren unter ausdrücklicher Berufung auf die Pfingstekstase der ersten Christengemeinde in Jerusalem.

Einer dieser Charismatiker, ein gewisser Lorenzo, ist nach der Auffassung Goodmans der Auslöser für die Gemeindekrise, deren Zeuge sie wurde. Im Kern dieser Krise agierten vier Männer und sieben junge Frauen, deren visionäre und ekstatische Erlebnisse die Routine der gottesdienstlichen Veranstaltungen durchbrachen, die Grenzen zwischen erlaubter und unvorhersehbarer Trance zum Verschwinden brachten und den Zusammenhalt der Gemeinde zerstörten. Die ganze Geschichte dauerte etwa ein Jahr, vom August 1969, als der erwähnte Lorenzo in die Gemeinde kam, bis September 1970, als der kollektive Erregungszustand kollabierte. Die eigentliche »Plattform« der Krise, wie Goodman sie nennt, während der die gesamte Gemeinde mehr oder weniger kontinuierlich von Sinnen war, währte nicht ganz zwei Monate. Ein erster Höhepunkt ereignete sich am Abend des 30. Juli 1970, dessen Verlauf von Goodman detailliert protokolliert wurde. Während dieses Gottesdienstes, zu dessen Beginn 16 Männer, 19 Frauen und eine Menge Kinder anwesend waren (später drängten sich viele Zuschauer in den Raum, angelockt durch das laute Geschrei), gab es nicht nur lange und unkontrollierte Trancezustände, spontanes »Sprechen in Zungen« (unstrukturiertes/unverständliches Reden) und Visionen, sondern auch Besessenheitserscheinungen und Teufelsaustreibungen. In einer »Atmosphäre äußerster Panik« wurden alle jene, die lediglich Zuschauer waren, (einschließlich Felicitas Goodman) von den Gläubigen dringend aufgefordert, sich taufen zu lassen: »Lorenzo fährt fort. Er sieht sich gezwungen, all das zu sagen, was Gott ihm eingibt. Sein Gesicht ist stark gerötet und verzerrt, immer wieder kommen ihm die Tränen. Plötzlich nennt er Namen. Und du, Eusebia, und du, Nina, und auch der Mann von Reyes, und auch Socorro, die Frau von Anselmo, ihr alle müsst euch IHM weihen oder ihr geht unter. Er schreit ins Mikro der Lautsprecheranlage, dass er diese Sachen nicht mit seinen eigenen Worten sagt. Eine Kraft ist da, die ihn zum Sprechen zwingt. Jetzt ist der Teufel besiegt, jetzt müsst ihr euch Gott überlassen! Er fährt fort: Und du, Hermana Felicitas. Sein Gesicht ist jetzt sehr verzerrt, er weint heftig, seine Lippen zittern. Wenn du nicht nachgibst und dich zu Gott bekehrst, musst du ganz bestimmt sterben.«[61]

Felicitas Goodman besuchte die Gemeinde, die sie während der Krise beobachtet hatte, auch nach dem Ende der eigentlichen Aufregung immer wieder und stellte fest, dass ab Ende 1971 die Gottesdienste ohne jegliche Trance verliefen, was vor der Krise nicht der Fall gewesen war. Dafür ging die Glaubenswelt *(supernatural premise)* der Gemeinde gestärkt aus der Krisenepisode hervor.

Das von Felicitas Goodman zum Vergleich herangezogene Material aus der einschlägigen Fachliteratur ist für sie reichhaltig genug, um die von ihr beobachteten Phänomene in ein allgemeines Muster einordnen zu können. Krisenkulte entstehen nach Goodman dann, wenn drei Faktoren gleichzeitig wirksam werden: Kulturwandel, glaubensweltliche Voraussetzungen und Trance-Zustände.

Nach diesem Schema bilden sich religiöse Gemeinden dann, wenn (1) eine Umgebung krisenhafter sozio-kultureller Veränderungen gegeben ist, wenn (2) ein neues Glaubenssystem angeboten wird, wenn (3) eine oder mehrere Personen in der Gruppe Trancen erleben und die Gruppe dies akzeptiert.

Dass alle drei Faktoren bei der Bildung der ersten Christengemeinden in Palästina zusammenkamen, ist verhältnismäßig leicht nachzuprüfen. Die frühen judenchristlichen Gemeinden Palästinas lebten in einer Gesellschaft, deren Unzufriedenheit mit den politischen Verhältnissen unter römischer Besatzung so groß war, dass sie im Jahr 66 n. Chr. zu einem allgemeinen Aufstand führte. Was das neue Glaubenssystem anlangt, so unterschied sich die christliche Lehre durch den Glauben an den (auferstandenen) Herrn Jesus sehr deutlich vom traditionellen Judentum. Und das Versammlungsklima dieser Christengemeinden in den ersten Jahrzehnten nach dem Tod Jesu war – nach den Informationen in der Apostelgeschichte und den Paulusbriefen – von ekstatischen/charismatischen Äußerungen durchaus bestimmt.

Eine ausführlich dokumentierte Phänomenologie der Neubildung religiöser Gemeinden aus historischer und heutiger Sicht ist mir nicht bekannt. Sie müsste ein Material sichten, das neben der Geschichte der Sekten und Erweckungsbewegungen in Europa und Nordamerika auch die gesamte Ketzergeschichte des Christentums, Judentums, Islams umfassen würde, gar nicht zu reden von den zahlreichen religiösen Neubildungen der Gegenwart besonders in Ländern der so genannten Dritten Welt.[62] Bryan Wilson, einer der besten Kenner sowohl der christlichen Sektengeschichte wie der gegenwärtigen religiösen Neubildungen, hat jedoch davor gewarnt, von einer umfassenden Komparatistik das Wunder einer einheitlichen Theorie und universell gültige Aussagen zu erwarten.[63]

Für den Zweck dieses Überblicks wird es daher genügen, die Gruppendynamik religiöser Gemeinden sozusagen prototypisch zu diskutieren. Neben den dabei bereits skizzierten Faktoren erscheint ein weiteres Merkmal von Interesse, nämlich die aktive Rolle der Frauen in den Anfangsphasen religiöser Gemeindebildung.

Das Szenario für die Neubildung einer religiösen Gemeinde, das hier skizziert werden soll, lässt Zeit und Ort der Handlung offen. Es kann im alten Jerusalem ebenso spielen wie im mittelalterlichen Lyon oder im heutigen Rio de Janeiro. Die Hauptperson ist ein Mann oder eine Frau, die ein starkes, ihr Leben von Grund auf veränderndes religiöses Erlebnis gehabt hat, eine »Bekehrung«, eine »Erweckung«, eine »Erleuchtung«. Verwandte, Nachbarn, Bekannte werden von der Intensität dieser charismatischen Persönlichkeit ergriffen und schließen sich ihr an, werden ihrerseits zu Bekehrten, vergewissern sich ihrer neuen Zusammengehörigkeit in häufigen Zusammenkünften, die durch ein hohes Erregungsniveau gekennzeichnet sind. Zu ihrer sozialen (familiären, beruflichen) Umgebung geraten die derart ergriffenen Männer und Frauen bald in einen mehr oder minder starken Gegensatz, was sie dazu bringt, sich noch enger zusammenzuschließen.

In den ersten Akten eines solchen Szenarios agieren die beteiligten Männer und Frauen freier als im traditionellen Rahmen der ihnen zugeschriebenen Geschlechterrollen, bis hin zum Umkippen des jeweils herkömmlichen Verhaltens in sein Gegenteil. Harte Männer drücken heftige Gefühle aus, unterwürfige Frauen treten mit Entschiedenheit auf. Die Autorität in der Gruppe wandert zu jenen Personen, deren charismatische bzw. ekstatische Fähigkeiten am größten sind, unabhängig davon, ob es sich um Männer oder Frauen handelt. Es gibt keine Ämter, lediglich persönliche Kompetenzen beim Auftreten während der Versammlungen. Auf wen sich »der Geist« niederlässt, ist nicht voraussagbar. Jedenfalls gibt es im Gegensatz zu den institutionalisierten bzw. organisierten religiösen Großgebilden in den Anfangsphasen religiöser Gemeindeneubildungen meist auch weibliche Führungspersonen kraft charismatischer Autorität, also Predigerinnen, Heilerinnen, Vorbeterinnen. Das lässt sich sowohl in der Frühgeschichte des Christentums nachweisen[64] wie auch in der abendländischen Ketzergeschichte von 1050 bis 1750,[65] ferner in den afro-amerikanischen Kulten der Gegenwart.[66] Die Verdrängung der Frauen aus den Führungsfunktionen in religiösen Gemeinden gehört in ein anderes Szenario, das Max Weber »Veralltäglichung des Charisma« genannt hat.

Da auch die so genannten Weltreligionen des Christentums und des Islam als kleine Gemeinden begonnen haben, ist die Rückbesinnung auf die Energien des Anfangs für diese beiden Formationen stets wichtig geblieben, im Christentum zum Beispiel durch die Formel »In jener Zeit«, mit der die »Evangelien« während der Gottesdienste stereotyp eingeleitet werden. In der religiösen Kunst des christlichen Abendlandes lassen sich ab der Gotik sehr viele Beispiele von Gestaltungen bildnerischer und plastischer Art finden, die ekstatische Erinnerungen pflegen. Das berühmteste Beispiel dafür ist »Die Verzückung der heiligen Theresia« von Lorenzo Bernini in der Kirche Santa Maria della Vittoria in Rom aus den Jahren 1644 bis 1647, die den Augenblick der Ekstase festhält.

Manierismus und Barock zeigten eine besondere Vorliebe für ekstatische Gebärden. Körper und Köpfe der Heiligen, die man in jeder katholischen Dorfkirche aus dieser Epoche betrachten kann, sind in charakteristischer Weise verdreht, ihre Augen sind die von Visionären. Ob es sich dabei um Männer oder um Frauen handelt, ist »in der Gemeinschaft der Heiligen« nicht wirklich entscheidend.

Die Phase der »Veralltäglichung des Charisma« in einer religiösen Gemeinde verlangt nach einem eigenen Szenario, dem der Normalität. Man braucht keine soziologische Ausbildung, um sich das allmähliche Hinübergleiten einer enthusiastischen

Gruppe von Menschen in die Macht der Gewohnheit vorzustellen. Die Ekstasen werden seltener und hören schließlich ganz auf, wie im Fall der oben erwähnten Pfingstgemeinde auf Yucatan. Die Glaubenslehren werden kanonisiert und kodifiziert, sie sollen möglichst unverändert bleiben. Die Autorität in der Gruppe geht von den Charismatikern zu den verlässlichen Funktionären über, und das sind in der Regel Männer.

Wenn aus der anfänglichen Energie mehrere, ja viele Gemeinden entstanden sind, was nicht selten der Fall ist (war), wird zwischen ihnen in der Konsolidierungsphase ein organisatorisches und ideologisches Einvernehmen gepflegt durch wechselweise Besuche der Funktionäre, durch Delegiertenversammlungen (»Synoden«). Einzelgemeinden, die vom Konsens aller Gemeinden abweichen, werden aus dem entstehenden Verband ausgeschlossen, ebenso Einzelpersonen, die sich der Mehrheit nicht fügen.

Für die Geschichte des abendländischen Christentums hat der deutsche Theologe und Historiker Ernst Troeltsch (1865–1923) die Phase des Zusammenschlusses der örtlichen Gemeinden zur »Catholica« (= »das, was ein Ganzes bildet«) untersucht und die Merkmale dieser Kirche von denen der Sekten soziologisch unterschieden.[67]

In der Geschichte der christlichen Sekten fällt auf, dass die Neubildungen vom Typ der Sekte stets einen Protest gegen die kirchliche Realität formuliert haben, dass sie gewissermaßen die Anfangsphase der ursprünglichen Gemeindebildung noch einmal durchspielen wollten. Tatsächlich finden sich in der abendländischen Ketzer- und Sektengeschichte viele Beispiele von Gemeindeneubildungen, die aus dem zweiten Szenario in das erste zurückkehrten und dafür sehr rüde bestraft wurden, wie im Fall der Waldenser (ab dem 12. Jahrhundert) oder der Wiedertäufer (ab dem 16. Jahrhundert), deren Gemeindemodelle egalitär waren. Heute dominiert in den christlichen Kirchen und Gruppen das Gemeindemodell der zweiten, also der konsolidierten

Phase. Wenn man alle betreffenden Gebilde mit über einer Million Mitgliedern als Großkirche bezeichnet, dann gibt es derzeit 60 bis 70 christliche Großkirchen auf der Welt, die ihrerseits durchwegs als kleinste organisatorische Einheit die territoriale (Pfarr-)Gemeinde haben. (Die relativ hohe Zahl christlicher Großkirchen kommt dadurch zu Stande, dass die evangelischen und orthodoxen Kirchen als Landeskirchen organisiert sind.) Bei einer angenommenen Durchschnittsgröße von 5000 Gläubigen pro Pfarrei kommt man auf 300 000 Pfarrgemeinden, in denen anderthalb Milliarden Christen auf der Welt primär organisiert sind. Auch Hindus, Moslems, Juden, Buddhisten kennen ein derartiges Territorialprinzip, dessen Zentrum sich architektonisch im Tempel (der Moschee, der Synagoge) darstellt und die Gläubigen zum Gemeindegottesdienst einlädt.

Die Stärke oder Schwäche der Bindung der Gläubigen an ihre jeweilige Territorialgemeinde des konsolidierten Typs schwankt zwischen Anhänglichkeit und nur noch nomineller Zugehörigkeit. In der Regel spielt dabei der Faktor des Wohnortes eine wichtige Rolle; in bäuerlichen Gegenden pflegen die Menschen regelmäßiger zur Kirche zu gehen als in den Metropolen. Die sorgfältigste soziologische Analyse der religiösen Bindungen in einer modernen Großstadt, nämlich Detroit, stammt meines Wissens von Gerhard Lenski.[68] Weitere repräsentative Studien über *church involvement* bzw. kirchliche Bindungen wurden 1952 in den USA und 1970 in Bochum durchgeführt.[69] Was die »Bindung an die Pfarrgemeinde« betrifft, kommt die Bochumer Untersuchung zu folgendem Ergebnis: »Drei Viertel der Katholiken der untersuchten Großstadt kennen zwar den Namen ihrer Pfarrei und wissen die Konfession ihrer Nachbarn, aber nur wenige fühlen eine enge Bindung an ihre Pfarrei, haben ein Interesse an pfarrlichen Belangen durch ihre Teilnahme an der Wahl der Pfarrgemeinderäte bekundet, sind Mitglieder in kirchlichen Vereinen oder Organisationen oder haben informelle Kontakte zu anderen Pfarrmitgliedern.«[70]

Unter denjenigen Gläubigen, die sich in einer (Pfarr-)Gemeinde engagieren, hat Lenski viele der »Tugenden und Laster« gefunden, die der deutsche Soziologe Ferdinand Tönnies (1855–1936) mit dem Wort »Gemeinschaft« in Zusammenhang brachte. Lenski untersuchte weiße Protestanten, Katholiken, Juden und schwarze Protestanten Detroits im Hinblick auf den Einfluss der Religion auf ihr Leben und stellte dabei fest, dass bei allen diesen Gruppen das Engagement in einer religiösen Gemeinde mit »provinziellen und autoritären« Weltauffassungen Hand in Hand ging. Über die Stärke dieses »kommunalen« Faktors, wie er ihn nannte, war Lenksi erstaunt, weil er so gar nicht mit der Anonymität des Lebens in einer Großstadt zusammenpassen wollte.

Tatsächlich gibt es, jedenfalls in den Industrieländern, unter den nominellen Mitgliedern der jeweiligen Religionsgemeinschaften eine (unterschiedlich große) Subpopulation, die ich »Intensivsegment« zu nennen pflege. Sie gehört deshalb in dieses Kapitel, weil sie den eigentlichen Kern jener (Pfarr-)Gemeinden bildet, in denen sich das religiöse Leben auch heute hauptsächlich ereignet. Zum »Intensivsegment« wird man Menschen zählen dürfen, die regelmäßig an den Gottesdiensten teilnehmen, sich in karitativen und geselligen Aktivitäten der Gemeinde engagieren, ihre Freunde und Bekannten unter religiös aktiven Personen suchen, Bücher und Zeitschriften mit religiöser Thematik lesen.

Die »provinziellen und autoritären« Einstellungen, die Lenski in den religiösen Intensivsegmenten der weißen und schwarzen Protestanten, der weißen Katholiken und Juden Detroits gefunden hat, erinnern an die Arbeiten von Milton Rokeach über den Zusammenhang zwischen religiösen Einstellungen und Dogmatismus/Autoritarismus.[71] Das Feld der Vorurteilsforschung, das damit betreten wird, ist weitläufig und unübersichtlich. Der Begriffsinhalt der Schlüsselwörter »Vorurteil«, »Autoritarismus«, »Dogmatismus«, »Konservatismus«, die in den einschlägigen

Arbeiten auftauchen, schwankt mit den theoretischen und statistischen Ansätzen der jeweiligen Forschungsrichtungen und -interessen.

Ein Vergleich zwischen Katholiken und Kommunisten, den sich Rokeach gestattet, zielt offensichtlich nicht auf den Inhalt der jeweiligen Lehren, sondern auf ihren dogmatischen Charakter, auf ihr »geschlossenes« Weltbild. Das würde darauf hindeuten, dass zwischen Engstirnigkeit *(closedmindedness)* und Religiosität kein linearer Kausalzusammenhang besteht. Einschlägige Untersuchungen in der Bundesrepublik lassen darauf schließen, dass der Grad des Dogmatismus unter anderem mit der Intensität der Beziehungen in »Primärgruppen« zusammenhängt: »Insgesamt gesehen lässt sich eine beeindruckende Vielfalt von Beziehungen zwischen Dogmatismus und sozialen Einflüssen nachweisen, die um so stärker werden, je mehr der einzelne durch individuelle Bemühungen und Entscheidungen oder durch Kontakte aus dem Primärbereich involviert wird. Je emanzipierter der Einzelne von den sozialen Zwängen der Gesamtgesellschaft und der Primärgruppen, desto selbständiger und differenzierter seine Persönlichkeit, so dass er eher Außenseiterpositionen wie auch informelle Führerrollen übernehmen kann, um so toleranter und offener sind auch seine Einstellungsstrukturen.«[72]

Der Ausdruck »Primärgruppe« stammt von Ch. H. Cooley (1864–1929) und bezeichnet soziale Einheiten, in denen alle Angehörigen einander persönlich kennen *(face-to-face associations),* also neben der Familie die so genannten *peer-groups* gleichaltriger Spielgefährten im Kindes- und Jugendalter und auch die (kleinen) Gemeinden. Mit den letzteren sind wir wieder beim Thema dieses Kapitels gelandet, bei der Dynamik frei assoziierter religiöser Gemeinden, deren Größe es gestattet, dass alle Mitglieder einander kennen. Man wird nach dem Gesagten annehmen dürfen, dass die Intensität der Beziehungen innerhalb einer solchen religiösen Gemeinde in einem monotonen Verhältnis zum Grad der Rigidität stehen wird, mit dem die Gruppe an ihren Überzeugungen bzw. Glaubensinhalten festhält. Je fester der Zusammenhalt in einer religiösen Gemeinde, desto dogmatischer, autoritärer und konservativer ihr Glaubensbekenntnis, desto vorurteilshafter auch ihre Einschätzung derer, die nicht zu ihnen gehören.

Die sozialwissenschaftlichen Erkenntnisinstrumente können wie im gegenständlichen Fall der Diskussion religiöser Primärgruppen zwar ein nützliches Schema liefern, in das dann die wirklichen Gemeindegeschichten wie Beispiele eingetragen werden können. Wenn allerdings eine derartige Geschichte mit dem gewaltsamen Tod von 900 Menschen endet, dann erscheint die kühle soziologische Prosa deplaziert. In der Sprache der Journalistik wurde dem Publikum im Jahr 1978 ein Bild des Grauens vermittelt, ein Totenfeld im Urwald von Guyana: »Haufen und Haufen von Leichen – hunderte von Leichen – in roten Kleidern, blauen T-Shirts, grünen Blusen, rosa Sporthosen, gepunkteten Kinderanzügen. Paare, die einander umschlungen hielten, Kinder, die sich an ihre Eltern klammerten. Nichts rührte sich. Wäsche hing auf der Leine. Die Felder waren frisch gepflügt. Bananenbüsche und Weinstöcke standen im vollen Saft. Aber nichts rührte sich ... Der Gestank war unerträglich, der Anblick unwirklich. Es gab keine Spuren von Gewalt, kein Blut ... Unter einigen Bäumen sah man das Haus von Jones, einen Bungalow mit drei Zimmern. Leichen lagen verstreut in allen Räumen, manche auf Betten, andere auf dem Fußboden. Die Stille wurde nur durch das Miauen einer Katze hinter der Veranda unterbrochen.«[73] Jim Jones, Oberhaupt eines von ihm gegründeten Religionsvereins, hatte am späten Nachmittag des 18. November 1978 seinen über 900 Gläubigen befohlen, Selbstmord durch Trinken einer vorbereiteten Mischung aus Zyankali und einem Erfrischungsgetränk zu verüben. Die Erwachsenen und Jugendlichen tranken aus Papierbechern; den Kleinkindern wurde das Gift mit Injektionsspritzen in den Mund verabreicht. Jones selbst schoss sich eine Kugel in den Kopf. Ausgelöst wurde der Massenselbstmord durch den Besuch eines Kongressabgeordneten aus den USA, Leo Ryan, der sich persönlich nach Guyana bemüht hatte, um der Urwaldfarm der Sekte einen Besuch abzustatten. Ryan wurde von Sektenmitgliedern erschossen, als er am frühen Nachmittag des 18. November sein Flugzug zur Heimreise besteigen wollte auf einer zehn Kilometer von der Ansiedlung entfernten Piste. Danach sah Jones keine Möglichkeit mehr, seine Gemeinde vor behördlichen Zugriffen und der dadurch drohenden Auflösung zu schützen. Seine Gläubigen nannten ihn »Dad« (Papa) oder »Father« (Vater). Auf einem Zettel, den ihm jemand während der letzten Stunden zugesteckt hatte und den man später fand, war zu lesen: »Papa: Ich sehe keinen Ausweg. Deine Entscheidung ist richtig. Ich fürchte nur, dass die Welt ohne Dich den Weg zum Kommunismus nicht finden wird. Was mich anlangt, so bin ich dieses unglückseligen, erbarmungslosen Planeten mehr als müde, dieser Hölle für so viele schöne Menschen. Dir danke ich für das einzige Leben, das ich bewusst gelebt habe.«[74]

Die unermüdlichen Sozialwissenschaftler schrieben die Katastrophe in Guyana dem Phänomen der »Kulte« *(cults)* zu, wie man in den USA bestimmte Gruppierungen nennt, die von sich reden machten und die es zu Tausenden gibt. Sie verlangen von ihren Anhängerinnen und Anhängern den radikalen Bruch mit ihren Familien, ihrem früheren Bekannten- und Freundeskreis, den Verzicht auf eigenes Einkommen und den uneingeschränkten Gehorsam gegenüber den Anordnungen der Kultführung. Solche »Kulte« können wie im Fall der Vereinigung »Peoples Temple« des erwähnten Reverend (Hochwürden) Jim Jones religiös motiviert sein, stützen sich aber mitunter auch auf wissenschaftliche Konzepte, wie zum Beispiel die New Yorker »Sullivanians«, die sich auf das Werk des Psychologen H. S. Sullivan berufen. Die Klientel solcher Kulte setzt sich – nach Meinung der Psychologin Margaret Thaler Singer (Berkeley) – zu einem

Drittel aus psychisch sehr bedrängten Menschen zusammen; die beiden anderen Drittel rekrutieren sich aus eher durchschnittlichen Personen in einer akuten depressiven Stimmung.[75]

Der Glaubensverein des Jim Jones bestand zu 80 Prozent aus Schwarzen der unteren Einkommensklassen San Franciscos, wo Jones 1972 seinen »Peoples Temple« in einem angekauften Vortragssaal installiert hatte. Jim Jones, ein Weißer, regierte seine Kirche eher autokratisch. Der innere Kreis der Führung bestand aus einem runden Dutzend weißer Frauen, und auch die etwa hundert Personen umfassende »Planungskommission« war zu zwei Dritteln weiß. Die Gemeindeversammlungen dauerten mehrere Stunden mit langen Predigten von Jones und »kathartischen« Einzelauftritten von Sektenmitgliedern, die von den anderen eingehend verhört wurden. Jones unterstützte politische Kampagnen von Demokraten wie Jimmy Carter und Tom Hayden (beide 1976), indem er mehrere Hundert seiner Gefolgschaft per Autobus zu Wahlveranstaltungen dirigierte. Im Jahr 1974 begannen die ersten Rodungsarbeiten auf einem von der Regierung Guyanas gemieteten Grundstück in der Nähe des Kaituma-Flusses im Nordwesten des kleinen Landes. Seiner Gemeinde in San Francisco schilderte Jones die Niederlassung als »Gelobtes Land«. Im Jahr 1977 übersiedelte Jones mit einem Großteil seiner Gemeinde nach »Jonestown«, wie die Ansiedlung genannt wurde.

In den Zeitungsberichten ist häufig von der zunehmenden »Paranoia« des Jim Jones die Rede, von bewaffneten Leibwächtern und Aufsichtspersonen. Von außen betrachtet, aus der Sichtweise von Journalisten und Soziologen, stellte sich der Peoples Temple als bewaffnete, unzugängliche Festung dar, aus der wenige Informationen zu bekommen waren. Von innen gesehen war die Welt eine Hölle, gegen die man sich verteidigen musste. Versuche bekümmerter Eltern, mit ihren im Peoples Temple gelandeten Kindern Verbindung aufzunehmen, wurden ebenso abgeblockt wie neugierige Reporter von Zeitungen und Fernsehgesellschaften. Mitglieder, die sich von der Gemeinde trennen wollten, wurden als Verräter betrachtet.

Einer jungen Frau namens Deborah Layton aus einer wohlhabenden weißen Familie in Berkeley, die seit 1971 zum Peoples Temple gehörte, gelang im Juni 1978 die Flucht aus Guyana, wohin sie 1977 gekommen war. Sie schilderte Jones als Verrückten, der über die Lautsprecheranlage des Lagers sechs Stunden täglich seine Gedanken verbreitete, die immer bizarrer wurden. Er bezeichnete sich als Reinkarnation von Lenin und Jesus Christus, drohte allen »Verrätern« mit dem Tod und veranstaltete mit seiner Gemeinde wöchentliche »Weiße Nächte«, in denen er allen befahl, eine Flüssigkeit zu trinken, von der er sagte, dass sie tödlich sei. Gearbeitet wurde von 7 Uhr früh bis 6 Uhr abends, mit einer Stunde Mittagspause, einschließlich samstags.

Der Bericht Deborah Laytons über die Zustände in Jonestown erreichte den Abgeordneten Ryan, der daraufhin seinen Besuch bei Jim Jones ankündigte und damit das Ende von Jonestown auslöste.

Jim Jones war eine charismatische Persönlichkeit. Seine Weltauffassung, eine Mischung aus christlichen, humanitären und sozialistischen Inhalten, durchsetzt mit parapsychologischem Gedankengut, vermochte seine Anhängerschaft mit einfachen Parolen (gegen Rassismus zum Beispiel) zu faszinieren. »Jim war ein wunderbarer Mensch. Wir bewunderten ihn. Wenn irgendwo ein Haus abbrannte, sammelten wir Kleidungsstücke und gaben sie den Betroffenen. Wenn jemand Geld brauchte, spendeten wir.« So äußerte sich eine gewisse Jackie Swinney, eine (weiße) Anhängerin, die mit ihrem Mann im Jahr 1965 zu Jones stieß. Als Jones starb, war er 47 Jahre alt. Seine Laufbahn als Prediger hatte er mit 19 Jahren begonnen. Mit 33 Jahren war er ordinierter Geistlicher der »Christian Church«, einem Zweig der »Disciples of Christ«, zu denen sein 1956 in Indianapolis gegründeter »Peoples Temple« gehörte. Im Jahr 1965, mit 34 Jahren, verlagerte Jones die Stätte seines Wirkens nach Kalifornien, zuerst nach Redwood Valley, einer kleinen Stadt nördlich von San Francisco, dann nach San Francisco selbst.

Die religiöse Szene im Westen und Süden der USA, von der Jim Jones geprägt wurde, ist von einem evangelischen Christentum bestimmt, das einen Martin Luther King ebenso hervorbrachte wie den Präsidenten Jimmy Carter. *Faith Healing* – das Heilen von Krankheiten durch Gebet und Handauflegen – gehört dort ebenso zum Gottesdienst wie die wörtliche Auslegung der Bibel. Der Zusammenhalt innerhalb der lokalen Gemeinden ist eng und geht über die bloße Teilnahme an den gottesdienstlichen Versammlungen weit hinaus. Im Vergleich zu den relativ stabilen konfessionellen Verhältnissen in Europa ist das nordamerikanische christliche Gemeindeleben durch Vielfalt und Wechselhaftigkeit gekennzeichnet. Neugründungen von Kirchen sind alltäglich, die (weißen und schwarzen) Geistlichen treten nicht selten wie Stars auf und stehen untereinander in Konkurrenz. Ihr Erfolg wird in Dollar gemessen. Im Jahr 1977, als der Peoples Temple des Jim Jones nach Guyana übersiedelte, betrugen die Einnahmen der Gemeinde zwischen 10 und 15 Millionen Dollar.

Nach der Katastrophe im November 1978 versammelte sich eine Menschenmenge vor dem Eingang des Peoples Temple in San Francisco. Guy Young, ein Mitglied der Gemeinde, der in Guyana seine Frau, einen Sohn, vier Töchter und zwei Enkelkinder verloren hatte, weinte. Er sagte: »Ich bedaure keinen Augenblick, dass sie dort waren. Es waren die glücklichsten und sinnvollsten Tage ihres Lebens.«

6. Das Ideal der Keuschheit

Askese und Klosterfriede

> »Da sprach Jesus zu ihnen: ›Die Söhne dieser Welt heiraten und werden verheiratet; die aber gewürdigt sind, an jener Welt und der Auferstehung von den Toten teilzuhaben, heiraten nicht und werden nicht verheiratet; sie können ja auch nicht mehr sterben; denn sie sind Engeln gleich und Söhne Gottes, weil sie die Söhne der Auferstehung sind.‹«
>
> *(Lukas 20, 34–36)*

Das Leben nach der Art der Engel, wie es in den frühen christlichen Klosterkulturen Ägyptens, Palästinas und Syriens genannt wurde, stellt den radikalsten und beharrlichsten Entwurf gegen das familiäre Dispositiv in der Geschichte der Menschheit dar. Mit dem Kontra der Mönche und Nonnen gegen das Geschäft der Fortpflanzung sind stets der Vorsatz zur Gewaltlosigkeit und der Verzicht auf Privatvermögen verknüpft – ob es sich nun um christliche, hinduistische oder buddhistische Ehelose handelt. Die Welt, in der sie leben, nach Geschlechtern getrennt, ist eine Enklave in den städtischen und ländlichen Milieus, von denen sie umgeben ist, ein Ort der Meditation, der gottesdienstlichen Übungen, der Gelehrsamkeit, der Künste, der geregelten Arbeit für den Lebensunterhalt. Im frühen europäischen Mittelalter zwischen 500 und 1000, einer unsicheren und wilden Zeit, waren einigermaßen zivilisierte Menschen fast nur in den Klöstern anzutreffen.

Die Kritiker der asketischen Gegenwelt, von Friedrich Nietzsche bis Karlheinz Deschner, erblicken in ihr eine lebensfeindliche Kraft, eine Krankhaftigkeit, eine »Verschwörung der Leidenden gegen die Wohlgeratenen und Siegreichen«[76] am Werk. Carl A. Mounteer kommentiert die Anfänge des christlichen Einsiedlerwesens im Nahen Osten in psychoanalytischer Sicht als

Formen selbstzerstörerischer Aggressivität, masochistischer Sexualität und kompensierter Schuldgefühle. Die Frage, wie aus diesen Bekundungen der »dunkleren Seite der menschlichen Natur«[77] der gregorianische Choral und die mittelalterlichen Buchmalereien entstehen konnten, bleibt in solchen Spekulationen unbeantwortet.

Im eingangs angeführten Bibeltext wird »dieser« Welt (griechisch *aion* = Zeitalter, kosmisch-gesellschaftlicher Seinszustand) mit ihrem familiären Normengefüge eine andere Welt gegenübergestellt, in der weder gestorben noch geheiratet wird. In der zitierten Stelle wird jene andere Welt als zukünftig gesehen, wie dies in den so genannten »synoptischen« Evangelien des Matthäus, Markus und Lukas durchweg der Fall ist. Im Johannesevangelium hingegen erscheint jene andere Welt der Unsterblichkeit als eine von den Jesusgläubigen jetzt schon betretbare, vorausgesetzt allerdings die entschiedene und unwiderrufliche Absage an »die Begierde des Fleisches, die Begierde der Augen und die Protzsucht des Reichtums«, wie der 1. Johannesbrief die Sache ausdrückt (2,15–17).

Die hier interessierende Frage zielt auf die Milieus, in denen die frühchristliche Weltablehnung gedieh, während der ersten hundert Jahre nach dem Tod Jesu Christi. Da die in dieser Zeit entstandenen Quellen, die im so genannten »Neuen Testament« zusammengefassten Schriften, keinerlei direkte Informationen über Größe, Struktur, geographische Verteilung, soziale Schichtung und innere Dynamik der Jesus-Gemeinden enthalten, ist die Forschung auf mehr oder minder plausible Rückschlüsse und Vermutungen angewiesen. Dass es sich bei diesen Milieus um (klein-)städtische Glaubensvereine in Palästina, Syrien und Kleinasien (= heutige Türkei) gehandelt haben wird, darf angenommen werden. Howard Clark Kee unterscheidet verschiedene Typen dieser Art von Konventikeln nach ihrer mehr oder weniger starken Abhängigkeit von jüdischen bzw. hellenistischen Orientierungen, ihrer mehr »mystischen« oder »apokalyptischen« Färbung, dem Grad ihrer Disziplin.[78] In allen diesen Gemeinden jedoch ist die Ablehnung der »Begierde des Fleisches« von allem Anfang an rekonstruierbar. »Der asketische Enthusiasmus steht am Anfang, und der Kompromiss mit dem Möglichen, Zuträglichen, Zumutbaren am Ende der Entwicklung der christlichen Anfänge.«[79]

Das Problem für die Erforschung der Anfänge christlicher Weltablehnung liegt in der Tatsache, dass der historische Jesus, soweit heute noch erkennbar, keine asketischen Züge erkennen lässt. Zwar gehört die Ehelosigkeit Jesu zu den (wenigen) sicheren Elementen der Überlieferung. Das muss jedoch keineswegs bedeuten, dass der Nazarener ein Propagandist und Praktikant der freiwilligen Keuschheit gewesen ist. Im Januar 1968, ich war damals Kaplan, saß ich bei der Vorbereitung einer Predigt über den Vers 13 des ersten Kapitels des Johannesevangeliums. Er lautet: »Er, der nicht aus dem Blut, nicht aus dem Begehren des Mannes, sondern aus Gott gezeugt wurde.« Ich war dazu erzogen worden, diesen Satz asketisch aufzufassen, als Kontra gegen die Fleischeslust. An jenem Nachmittag aber kam mir der Gedanke, diesen Satz nicht als geschlechtsfeindlichen auszulegen, sondern als familienkritischen. In dem Sinn also, dass all das, was mit der Familie zusammenhängt, Zeugung und Blutsbande, für die Geburt aus Gott unerheblich ist. Dieser Gedanke faszinierte mich. Als Historiker und Soziologe wusste ich, wie zentral die familiären Bindungen in der damaligen Menschenwelt gewesen sind. Um sie organisierte sich die Gesellschaft. Wer von der Familie verstoßen wurde, war so gut wie verloren. Ich dachte: Wenn es wahr ist, dass im Neuen Testament eine Familienkritik da ist, dann waren die frühen Christen soziale Außenseiter und Jesus ein gesellschaftlicher Abweichler.

Wenn die familien-, ja institutionenkritische Einstellung des Nazareners einmal feststeht, dann wird die Frage nach der Herkunft des frühchristlichen Asketismus zu einer Erkundung der Motive in den Christengemeinden der ersten Jahrzehnte nach dem Tod Jesu, die zur Praxis der Ehelosigkeit (Jungfräulichkeit) führten. Der Wiener Neutestamentler Niederwimmer, dem ich hier folge, verweist in diesem Zusammenhang auf die »eschatologische Motivation« der ersten (jüdischen) Christen, auf ihren Glauben an das nahe bevorstehende Ende des damaligen Aions, auf ihr Bewusstsein, in den letzten Tagen der Menschheit zu leben. Diese »Naherwartung«, wie man im Fachjargon sagt, geht auf die Predigt Jesu zurück und war auch sonst unter manchen frommen (wenn auch nicht immer ganz linientreuen) Juden verbreitet, wie aus der so genannten »apokalyptischen« Literatur jener Zeit hervorgeht. Im Gleichnis von den zehn Jungfrauen (Matthäus 25,1–12) erblickt Niederwimmer den »Grundmythos« dieser Motivation, also der Auffassung, das »Kommen« des »Menschensohnes« zum Gerichtstag über den alten Aion lieber im Stand der »Jungfräulichkeit« zu erwarten, ohne Bindungen an die Welt, so wie sie ist.

In diese Motivation gesellschaftskritischer Art, die auf Jesus zurückging, mischten sich dann bald auch bestimmte sexual- bzw. frauenfeindliche Motive, die in den Erlösung suchenden Zirkeln der damaligen Welt nicht selten waren: »Und sie singen ein neues Lied vor dem Thron und vor den vier Wesen und den Ältesten; und niemand konnte das Lied lernen außer den Hundertvierundvierzigtausend, die losgekauft sind von der Erde. Das sind die, die sich mit Weibern nicht befleckten; denn sie sind jungfräuliche Menschen (parthenoi)« (Apokalypse 14,3f.).[80]

Der Apostel Paulus, dessen Briefe die ältesten christlichen Quellenschriften darstellen und noch vor den Evangelien zu Papier gebracht wurden, hat (nach einer plausiblen Datierung im Jahr 57 n. Chr.) die folgende sozusagen klassische Formulierung gefunden: »Ein Mann tut gut daran, keine Frau zu berühren« (1. Korinther 7,1).

Neben den verheirateten Christgläubigen gab es also von allem Anfang an in den Jesusgemeinden die überzeugten Ledigen beiderlei Geschlechts. Gelegentlich taten sie sich zu gemeinsamen Haushaltungen zusammen als so genannte Syneisakten, was dann später streng verboten wurde wegen der damit verbundenen Versuchung zur Fleischeslust. Die Mehrzahl der Asketen und Asketinnen lebten jedoch als Alleinstehende, die Frauen im Kreis ihrer Familien, die Männer häufig als Wanderprediger, hoch geachtet in den Gemeinden. Es gibt Hinweise dafür, dass unter den syrischen Christen des 3. Jahrhunderts die Auffassung dominierte, dass mit der (erst im Erwachsenenalter vollzogenen) Taufe auch der eheliche Beischlaf einzustellen sei.

Wann und wo die ersten christlichen Asketen sich in einsame Gegenden zurückzogen wie die indischen Entsagenden tausend Jahre vor ihnen, lässt sich in Ermangelung schriftlicher Nachrichten nicht genau sagen. Die Vermutung, dass diese »Anachorese« (vom griechischen *anachorein* = sich zurückziehen) um die Mitte des 3. Jahrhunderts in Ägypten begann, vielleicht während einer Christenverfolgung, ist nicht ganz von der Hand zu weisen. In Ägypten gab es immerhin eine alte Tradition der verschuldeten Bauern, flüchtigen Sklaven und Kriminellen, die sich den Behörden durch Verschwinden in der Wüste, dem Randgebiet zwischen der Nilebene und dem eigentlichen Ödland, zu entziehen.

Die ersten christlichen Klöster sind jedenfalls in Ägypten zu lokalisieren, und zwar ab dem Jahr 320 n. Chr. in Oberägypten, 100 Kilometer stromabwärts vom alten Theben und dem Tal der Könige. Der Ort, wo ein gewisser Pachom seine ersten Mönchskolonien gründete, heißt heute El Kasr (früher: Chenoboskion) und liegt am rechten Ufer des Nilflusses, in fruchtbarem Land.

Der selige Pachom, selbst ein erfahrener Athlet Christi, war offenbar ein Organisationstalent. Im Gegensatz zu den individualistischen Einsiedlern (das deutsche Wort »Mönch« kommt vom griechischen *monachos* = Alleinstehender), die sich in verlassenen Gräbern, Felsenhöhlen oder alten Wachtürmen aufhielten, lebten die Mönche des Pachom recht zivilisiert hinter Mauern (das deutsche Wort »Kloster« kommt vom lateinischen *claustrum* = das Verschlossene), in Lehmhäusern zu je zwölf Zellen, in denen drei Personen Platz fanden. Auf der anderen Seite des Nil richtete Pachom den Nonnen ein Kloster ein.[81] Um 350 siedelten rund 10 000 Klosterbrüder und -schwestern in Chenoboskion, zu einer Zeit also, in der das Christentum bereits behördlich anerkannt war.

Die weitere Geschichte der Ausbreitung des christlichen Klosterwesens muss hier übergangen werden. Einer ihrer wichtigsten Faktoren war die Sklavenflucht, die um die Mitte des 5. Jahrhunderts bereits »sozialrevolutionäre Ausmaße« erreichte, nicht nur im byzantinischen Osten, sondern auch im weströmischen Reich. Allenthalben liefen die Sklaven und Sklavinnen ihren Herren davon in die Klöster, und die Behörden erließen strenge Gesetze gegen diese Weltflucht.[82]

Im Westen markierte die Klosterregel des heiligen Benedikt von Nursia (480–547) den Übergang von »planloser Weltflucht und virtuosenhafter Selbstquälerei«, wie Max Weber schreibt, zur »systematisch durchgebildeten Methode rationaler Lebensführung«[83]. Mehr als die Hälfte der 73 Kapitel in der benediktinischen Regula handeln von Disziplin und Verwaltungsangelegenheiten. Von den antiken Sklavenplantagen übernahm Benedikt die Gewohnheit, je zehn Mann unter der Aufsicht eines »Dechanten« (griechisch *deka* = zehn) arbeiten zu lassen,[84] fünf Stunden am Tag. Weitere fünf Stunden verbrachten die Mönche in der Kirche. Eine derartige Regelhaftigkeit, beruhend auf Zeiteinteilung, war die Voraussetzung für eine Entwicklung, die das mittelalterliche Kloster zu einer Art Fabrik werden ließ.

»Der Fluss ergießt sich in die Abtei, soweit die Mauer, die als Wehr wirkt, es ihm erlaubt. Er strömt zunächst in die Getreidemühle, wo er dazu dient, das Getreide unter dem Gewicht der Räder zu zermahlen und unter das feine Sieb zu schütteln, welches das Mehl von der Kleie trennt. Hernach strömt er in das nächste Gebäude und füllt den Kessel, in dem das Wasser erhitzt wird, um das Bier für die Mönche zu bereiten … Jedoch der

Fluss hat seine Arbeit noch nicht getan, … so hebt und senkt er abwechselnd die schweren Hämmer und Schlegel, oder, um es genauer zu sagen, die hölzernen Füße der Walkmühlen … Nun tritt der Fluss in die Gerberei ein, wo er viel Arbeit der Bereitung des Materials für das Schuhwerk der Mönche widmet … Zuletzt, um vollen Dank zu ernten und nichts ungetan zu lassen, trägt er den Abfall fort und lässt alles sauber zurück.«[85] Dieser Bericht eines Zisterziensermönches aus dem 12. Jahrhundert dokumentiert den für die damaligen Zeiten hohen technischen Stand vieler Klöster, die wie Inseln der Zivilisation im damals allgegenwärtigen Wald lagen. In ihren Lageplänen erscheint das, was der Soziologe Erving Goffman »totale Institution« genannt und in fünf Gruppen zusammengefasst hat:[86]

- Anstalten, die zur Fürsorge von Menschen eingerichtet wurden, die als unselbständig und harmlos gelten: Blinden- und Altersheime, Waisenhäuser und Armenasyle.
- Orte der Fürsorge für Personen, von denen angenommen wird, dass sie unfähig sind, für sich selbst zu sorgen und eine (unbeabsichtigte) Bedrohung der Gemeinschaft darstellen: Tuberkulose-Sanatorien, Irrenhäuser, Leprosorien.
- Anstalten für abgesonderte Personen, von denen man annimmt, dass sie die Gemeinschaft willentlich bedrohen: Gefängnisse, Zuchthäuser, Kriegsgefangenenlager, Konzentrationslager.
- Institutionen, die darauf abzielen, bestimmte Aufgaben besser durchführen zu können: Kasernen, Schiffe, Internate, Arbeitslager, koloniale Stützpunkte, große Gutshäuser mit Gesindequartieren.
- Zufluchtsorte vor der Welt: Abteien, Klöster, Konvente.

Für diese Auffassung des Klosters als totaler Institution spricht die Tatsache, dass viele aufgehobene Klöster als Kasernen, Gefängnisse, Internate und Irrenhäuser verwendet wurden, ohne einschneidende Veränderung der Bausubstanz. Der obrigkeitliche Wille hinter dieser Säkularisierung, wie er beispielsweise in Österreich unter Joseph II. (1765–1790) realisiert wurde, sehr zum Missvergnügen der päpstlichen Kurie, lässt sich mit Max Weber als Tendenzwende zur »innerweltlichen Askese« auffassen: »Die christliche Askese, anfangs aus der Welt in die Einsamkeit flüchtend, hatte bereits aus dem Kloster heraus, indem sie der Welt entsagte, die Welt kirchlich beherrscht. Aber dabei hatte sie im Ganzen dem weltlichen Alltagsleben seinen natürlich unbefangenen Charakter gelassen. Jetzt trat sie auf den Markt des Lebens, schlug die Türen des Klosters hinter sich zu und unternahm es, gerade das weltliche Alltagsleben mit ihrer Methodik zu durchtränken, es zu einem rationalen Leben in der Welt und doch nicht von dieser Welt oder für diese Welt umzugestalten.«[87]

Die Geschichte dieser Tendenzwende ist zugleich als Geschichte der zunehmenden Bemächtigung der Menschen durch den neuzeitlichen Staat gesehen worden, der von den Klöstern lernte, wie man Kasernen, Internate, Arbeitshäuser, Gefängnisse, Irrenanstalten baut und führt, wie man die Seelen und die Körper der auf diese Weise institutionalisierten (veranstalteten) Menschen diszipliniert.[88] So gesehen wird der Blick hinter die Mauern der Klöster zur Erforschung der »Mikrophysik der Macht«, wie Foucault die Sache genannt hat, und von der allerersten Klosterregel des seligen Pachom im 4. Jahrhundert führt dann eine ununterbrochene Linie zu den Hausordnungen der Militärakademien der Supermächte und den Richtlinien für die Schulungszentren der multinationalen Konzerne von heute.

Dass ausgerechnet die weltflüchtigen Klosterbrüder im Mittelalter politische und wirtschaftliche Macht akkumulierten, hat Max Weber die »Paradoxie der Wirkung« genannt. Er wusste keine Antwort auf die Frage, warum aus der Ablehnung von Macht und Besitz und dem Verzicht auf Fortpflanzung gesellschaftliche Kraftzentren mit erheblichem Einfluss entstehen. Da

Weber in erster Linie an der soziologischen Antwort auf die Frage der Entstehung des Kapitalismus in Westeuropa interessiert war, fiel ihm an der Entwicklung des europäischen Klosterwesens vornehmlich dessen Rationalität auf, das Methodische der klösterlichen Lebensführung in der westlichen Christenheit. Außer Betracht blieb in diesem Zusammenhang das gesamte Mönchs- und Nonnenwesen der byzantinischen Hälfte der Christenheit, das sich ja keineswegs regellos und unmethodisch darstellt, ferner der riesige asiatische Klosterkomplex, ganz zu schweigen von den Derwischorden im Islam. Eine Beschränkung der Analyse des Klosterwesens auf dessen Entwicklung im Abendland erhellt zwar die geschichtlichen Voraussetzungen des Industriezeitalters, vernachlässigt jedoch wichtige Aspekte eines kulturellen Phänomens, das eine Weltreligion wie den Buddhismus hervorbrachte und zu einem konstitutiven Faktor in so gut wie allen mittelalterlichen Gesellschaften zwischen Japan und Irland wurde. Nicht einmal Talcott Parsons, dessen funktionalistische Soziologie in den sechziger Jahren zum guten Ton gehörte, sah die gesamtgesellschaftliche Bedeutung des Klosterwesens für die Feudalsysteme.[89] Dass Ritter und Mönche einander wechselweise bedingen, lässt sich an den Samurai ebenso gut demonstrieren wie an den christlichen Ritterorden oder an der Rolle der türkischen Bektaschi-Derwische als Kapläne der Janitscharen.

Meine These, dass das Klosterwesen für den gesamten mittelalterlichen Feudalkomplex in den asiatischen, nahöstlichen und europäischen Gesellschaften konstitutiv und funktionell notwendig war, kann ich hier nicht im Detail erörtern. Ich begnüge mich daher mit einem Blick auf die Anfänge des Buddhismus in Indien zur Illustration des Zusammenhangs zwischen klösterlichen und ritterlichen Tugenden innerhalb der feudalen Eliten.[90] Pointiert ausgedrückt war es die in den östlichen und westlichen Klöstern gepflegte Tugend des Gleichmutes gegenüber allen Wechselfällen des Lebens, die für die aristokratische Männerwelt der Feudalsysteme bestimmend wurde: »Als der Erhabene einst in Anathapindikas Bhikkuheim im Jetahain bei Savatthi weilte, war einem Hausherrn sein geliebtes Söhnchen gestorben. Seitdem dachte er nicht mehr an Arbeit und Essen, sondern ging immer wieder auf den Friedhof und rief: Wo ist mein einziges Söhnchen? Dann ging er zum Erhabenen, begrüßte ihn und setzte sich zu ihm. Da sagte der Erhabene zu ihm: ›Du bist nicht Herr deiner Sinne, du bist verstört.‹ – ›Wie sollte ich nicht verstört sein! Mein geliebtes einziges Söhnchen ist gestorben. Seitdem denke ich nicht mehr an Arbeit und Essen, gehe immer wieder auf den Friedhof und frage, wo mein einziges Söhnchen ist.‹ – ›So ist das, Hausherr! Denn daraus, dass man etwas lieb hat, entspringt Kummer, Jammer, Schmerz, Gram und Verzweiflung; das ist die Folge des Liebhabens.‹«[91]

Der angeführte Text stammt aus einer der ältesten Quellschriften des Buddhismus, dem so genannten Majjhimanikaya des Pali-Kanons, das zunächst mündlich überliefert und dann um die Zeit von Christi Geburt schriftlich fixiert wurde. Es enthält authentische Buddhareden und spätere Zusätze. Unser Zitat ist der Anfang eines Lehrstücks (Sutta), das den Ausspruch des Buddha über die Folgen des Liebhabens ausführlich diskutiert und anhand einer Reihe von Beispielen erklärt, in denen immer wieder vom Verlust durch Tod oder Unglücksfall die Rede ist. Die Antwort des Buddha auf eben diese Bedrohung allen menschlichen Glücks ist bekannt. Sie besteht in der Anleitung zur Übung in der Loslösung von allem, woran der Mensch »haftet«. Wie konstant diese Haltung über viele Jahrhunderte geblieben ist, mag an einer Stelle aus den »Geistlichen Übungen« des Ignatius von Loyola (1491–1556), des Begründers der Jesuiten, illustriert werden: »Darum ist es notwendig, uns allen geschaffenen Dingen gegenüber gleichmütig *(indiferentes)* zu machen, überall dort, wo dies der Freiheit unseres Wahlvermögens eingeräumt und nicht verboten ist, dergestalt, dass wir von unserer Seite Gesundheit nicht mehr als Krankheit begehren, Reichtum nicht mehr als Armut, Ehre nicht mehr als Ehrlosigkeit, langes Leben nicht mehr als kurzes, und dementsprechend in allen übrigen Dingen, einzig das ersehnend, was uns jeweils mehr zu dem Ziele hin fördert, zu dem wir geschaffen sind.«[92]

Eben dieser Gleichmut galt auch den griechischen Philosophen ab Demokrit (gestorben um 371 v. Chr.) als höchstes Ziel männlichen Tugendstrebens, unter dem Namen der *Ataraxie* = Unerschütterlichkeit, Seelenruhe. Hans Peter Duerr hat diese Konstante in verschiedenen Weisheitslehren und Mystiken analysiert und sie in ihren virtuosen Formen als »Praxis der Selbsteliminierung« erkannt.[93]

Einen nützlichen Hinweis für die Beantwortung der Frage, welche sozialen Schichten ein (vitales) Interesse an der Erwerbung der »Gelassenheit« (der Ausdruck geht auf Meister Eckhart, gestorben 1328, zurück) hatten, kann man der Tatsache entnehmen, dass eine erhalten gebliebene Liste von 75 Namen der ersten Jüngerschaft des Buddha, die man auf ihre Kastenzugehörigkeit untersucht hat, fast ausschließlich Angehörige der Oberschicht (Brahmanen, Krieger, Handeltreibende) enthält, bemerkenswerterweise auch 23 Frauen.[94] Der Buddha selbst, geboren als Siddhattha Gotama 563 v. Chr. im nördlichen Indien, kam aus dem Kriegeradel. Die »Befreiung«, die er selbst erlebt hatte und predigte, bot den feudalen Eliten eine psychische Entlastung von den Problemen der Existenzsicherung – durch die Relativierung eben dieser Existenz. Zwischen den »Haushabern«, also den im feudalen Familienverband lebenden Anhängern und Anhängerinnen des Buddha, und den »Hauslosen«, dem eigentlichen Orden, gab es von Anfang an rege Kontakte, sodass die Tugend der Indifferenz gegenüber den Wechselfällen des Lebens auch in die Schichten der adligen Weltleute zu diffundieren vermochte.

Die Ausbreitung des Buddhismus über die asiatische Welt, von der Mongolei bis Java, tatkräftig gefördert von dem indischen König Asoka (274–237 v. Chr.), erhob die Klosterkultur zu einem konstitutiven Faktor des östlichen Feudalsystems. In China etwa war der Buddhismus gegen Ende der zweiten Han-Zeit (25–220 n. Chr.) als neue Religion fest etabliert. In den chinesischen Städten entstanden in den darauf folgenden Jahrhunderten mächtige Klöster, die von reichen Familien unterhalten wurden. Aus einer Notiz des Jahres 395 geht beispielsweise hervor, dass der Gouverneur der Provinz Hunan zwei einander gegenüberliegende buddhistische Klöster errichten ließ, deren jedes über zehntausend Wohnraumeinheiten verfügte.[95] Besonders deutlich lässt sich die Partnerschaft zwischen »vita activa« und »vita contemplativa« im Japan der Kamakura-Zeit (1192–1333 n. Chr.) beobachten, in der sich der Kriegeradel mit dem Zen-Buddhismus anfreundete wegen der von diesem gepflegten stoischen Haltung, sodass man von einem »Buddhismus der Ritter« *(buschi-bukkyo)* zu sprechen begann. Die Samurai schickten ihre Söhne zur Ausbildung in die Zen-Klöster, und es konnte durchaus vorkommen, dass der eine oder andere dieser Berufssoldaten seine Rüstung mit der Mönchskutte vertauschte.

Mit der soeben vorgetragenen These von der Affinität zwischen Feudalwesen und Klosterkultur ist die letztere soziologisch einigermaßen situiert, nämlich in der Welt der »Krieger und Bauern«, wie Georges Duby die Sache genannt hat.[96] Außer Betracht bleibt in dieser eher funktionalistischen Sichtweise die Anziehungskraft des engelgleichen Lebens auf frühbürgerlich modellierte Menschen wie beispielsweise den heiligen Franz von Assisi oder den Lyoner Kaufmann Petrus Waldes, der um 1170 herum seine Familie auflöste, seinen Besitz wegschenkte und zu einem Wanderprediger wurde, dessen Lehren zur Bildung der Waldenser führten. Die Bekehrung des Waldes geschah nach dem Anhören einer Ballade, die ein Bänkelsänger auf der Straße vortrug. Sie handelte von einem heiligen Mann namens Alexios, der in der Hochzeitsnacht Haus, Heimat und Eheweib verlassen hatte, um als Bettler zu leben. Die Ballade, eines der frühesten Zeugnisse der altfranzösischen Lyrik, ist erhalten geblieben. Ihr Stoff weist ins Syrien des fünften nachchristlichen Jahrhunderts zurück, wo derartige Bekehrungsgeschichten unter den christlichen Asketen und Asketinnen beliebt waren. Die Pointe des Alexiosliedes, von dem auch eine mittelhochdeutsche Fassung aus der Feder eines gewissen Konrad von Würzburg (gestorben 1287) existiert, liegt in der schließlichen Heimkehr des freiwilligen Bettelbruders zu Vater, Mutter und Gattin, denen er sich jedoch nicht zu erkennen gibt. Das Obdach, um das der Fremdling fleht, wird ihm gewährt, und erst nach seinem Tod erkennt man aus einer Notiz, die er hinterlassen hat, dass es sich um den Sohn des Hauses gehandelt hat.[97]

Der legendäre Alexios und sein Nachahmer Waldes kommen aus bürgerlichen, nicht aus adligen Milieus, wie auch Franz von Assisi, dessen Vater ein unternehmender Tuchhändler war. Wenn man bedenkt, wie lange das frühe Bürgertum mit dem Feudalsystem koexistierte (meiner Ansicht nach seit der Einführung des Münzgeldes, der Demokratie, der Philosophie und des Theaterspiels im alten Athen), dann wird die Weltabsage auch zu einem »bürgerlichen« Phänomen.[98] Dann reichen die Prototypen dieser Absage von Diogenes, dem ersten Kyniker (gestorben 323 v. Chr.) bis in unsere Gegenwart mit ihren Drop-Outs und Freaks.

Aus religionsgeschichtlicher Sicht lässt sich demnach die so genannte Neue Innerlichkeit der 70er und 80er Jahre, deren Pioniere ab 1960 in Harvard mit LSD experimentierten, als industrielle Variante des engelgleichen Lebens diskutieren, dessen Konstante in der Verleugnung so wichtiger Güter wie Familienglück und Besitz besteht. Was dafür eingetauscht wird, hat Jack Kerouac »point of ecstasy« genannt, nicht unbedingt wissenschaftlich präzis, dafür aber authentisch.[99] Der Augenblick der Ekstase, den der Icherzähler in San Francisco erlebt, wird im Kapitel 10 des für die Gegenkultur repräsentativen Romans (Erstveröffentlichung 1957) mit den Wirkungen einer Heroinspritze verglichen, und zur Beschreibung seines Glücks dient dem Autor eine Art Vision, die in diesem Zusammenhang eher überraschend wirkt, nämlich die von Engeln, die ins »heilige Nichts der ungeschaffenen Leere« fliegen (»where all the angels dove off and flew into the holy void of uncreated emptiness«). Diese Prosa signalisiert Erlebnisse, von denen bereits andeutungsweise die Rede war. In der Fachliteratur werden sie seit den sechziger Jahren »altered states of consciousness« (»Veränderte Wachbewusstseinszustände«) genannt.[100] Die »Bewusstseinserweiterung«, von der in der Literatur der Neuen Innerlichkeit häufig die Rede ist, strebt offensichtlich in diese Dimension, mit und ohne Zuhilfenahme pharmakologischer Stimuli. Hierin trifft sich diese soziale Bewegung der gegenwärtigen Industriegesellschaften mit den Aspirationen der transnationalen Klosterkultur. In ihr nämlich kultivierten die Virtuosen und Virtuosinnen des »geistlichen« Lebens jene »psychische Außeralltäglichkeit«[101], um derentwillen sie »die Welt« verlassen hatten. Beim stundenlangen Psalmodieren, während langer Meditationsübungen strebten (und streben) Mönche und Nonnen in Ost und West nach Bewusstseinsinhalten, die durchgehend als exquisit und beseligend beschrieben werden, als außergewöhnlich und befreiend. In dieser Sicht werden die Klosterleute zu Spezialisten einer Erlebniswelt, deren Pflege in so vielen Kulturen/Gesellschaften belegt ist, dass von einer »anthropologischen Grundkonstante« gesprochen werden kann.[102]

Die Passage in Kerouacs »On the Road«, in der die (lange Zeit herbeigesehnte) Ekstase beschrieben wird, beginnt unmittelbar nach der Bemerkung des Icherzählers, dass er sich ganz allein auf der Welt fühle (»Now I had nobody, nothing«). Er ist völlig mittellos, hungrig und auf das Einsammeln weggeworfener Zigarettenstummel angewiesen.

Ob dieses Grundmuster der Weltabsage-plus-Ekstasebereitschaft auch auf die weibliche Hälfte der Klosterkultur zutrifft, ist nach dem derzeitigen Stand der Forschung nicht ohne weiteres zu entscheiden. In einer syrischen Geschichte aus dem 6. Jahrhundert wird ein Asketenpaar beschrieben, das, von Ort zu Ort ziehend, tagsüber dem allgemein verachteten Gewerbe der volkstümlichen ordinären Possenreißer nachgeht, die Nacht aber in mystischen Gebetsübungen verbringt.[103] Man erfährt, dass die beiden als Einzelkinder vornehmer und reicher Eltern von einem Asketen angeleitet werden, nach dem Tod ihrer Eltern alles Ererbte wegzuschenken und sich als Enthaltsame zusammenzutun, er in der Rolle *(schema)* eines Gauklers, sie als Dirne, was sie auch tun. Sie landen schließlich in der ägyptischen Einsiedlerkultur, nahe der Stadt Thella. In dieser alten und wahrscheinlich authentischen Quelle gibt es keinen Unterschied zwischen männlicher und weiblicher Motivation beim Beschreiten des Weges zur Heiligkeit. Angedeutet wird lediglich, dass die Initiative vom Mann ausgeht.

Das Fragmentarische derartiger Momentaufnahmen wird neuerdings durch eine Untersuchung aller 261 von der römisch katholischen Kirche zwischen 1200 und der Gegenwart zur sakralen Verehrung bestimmten Frauen Italiens gemildert.[104] Ein Großteil (61 Prozent) dieser heiligen Frauen lebte im Kloster. Der Autor ging von der Vermutung aus, dass viele von ihnen ein Verhalten an den Tag legten, das in heutiger klinischer Terminologie unter den Begriff der *Anorexia nervosa* (Magersucht) fallen würde. Von rund 170 ausreichend dokumentierten Lebensläufen seiner Untersuchungspersonen (der Rest musste wegen ungenügender Informationen ausgeschieden werden) verrieten etwa 50 Prozent dem Autor deutliche Anzeichen von Magersucht. Seine These, dass das exzessive Fasten dieser Frauen und Mädchen ein Kampf um weibliche Autonomie in einer von Männern dominierten Frömmigkeitswelt war, klingt interessant, riecht allerdings für meinen Geschmack zu sehr nach heutiger Nervenklinik. Unter der Rubrik »contemplation/mysticism« ist immerhin berücksichtigt, dass in einem Drittel aller untersuchten Lebensläufe (28 Prozent von 261) Anzeichen kontemplativ/mystischer Erlebnisse registriert werden konnten. Fast die

Hälfte der untersuchten Frauen (43 Prozent) kam aus der aristokratischen Oberschicht. Der Reiz dieser recht aufwändigen Studie liegt meines Erachtens in der ausführlichen Nacherzählung der farbigen und detailreichen Primärquellen, weniger in der Neigung des Autors zu handgestricktem Psychologisieren.

Zwischen 1100 und 1500 lässt sich in Europa so etwas wie eine Frauenbewegung erkennen, teils in den Frauenhäusern, teils in den Klöstern der Dominikanerinnen, teils unter den nicht sesshaften Propagandistinnen freigeistiger Gedanken. Die Bewegung war eher städtischen Ursprungs und wurde von oberschichtigen Frauen vorangetrieben, die lesen und schreiben konnten. Die Zentren der Bewegung (Flandern und Nordfrankreich, Südwestdeutschland, Südfrankreich, Mittelitalien) waren durch wirtschaftliche Blüte und soziale Spannungen gekennzeichnet. Ein wichtiger Faktor war der durch die Kreuzzüge verursachte Mangel an heiratsfähigen oberschichtigen Männern. Ab 1300 setzte ein schärferer kirchlicher Druck auf die theologisierenden Frauen ein, was die Frauenbewegung in einen radikalisierten und verinnerlichten Flügel trennte (freisinnige Beginen versus Gottesfreundinnen) und zu Sprachverschleierungen in der literarischen Produktion führte. In der damaligen weiblichen Ideenproduktion finden sich Tendenzen zur Erhöhung des Selbstwertgefühls (die bis zur Identifikation mit der Gottheit führen konnten) und zur Selbständigkeit in der Persönlichkeitsentwicklung (beispielsweise durch Berufung auf das »innere Licht«). Durch die Aneignung der neuplatonischen Mystikertradition, deren höchstes Ziel die Unio mystica war, vermochte die mittelalterliche Frauenbewegung zum herrschenden männlichen Kulturideal eine (»weiche«) Alternative zu entwickeln. Die Hexenverfolgung ab 1500 hat diese Aspirationen unter den ledigen Frauen nachhaltig unterdrückt.

Eine erstaunlich offene Dokumentation der Probleme lesbischer Nonnen in den USA von heute[105] verweist auf eine verschwiegene Dimension des Klosterlebens – die gleichgeschlechtliche Erotik. Die Art und Weise, wie die in dem Buch versammelten 50 Frauen über ihre Neigung zum Klosterleben, ihre Spiritualität und ihre Sexualität sprechen, vermittelt einen unsentimentalen Eindruck vom Innenleben heutiger katholischer Klosterschwestern. Mir ist keine wissenschaftliche Monografie über gleichgeschlechtliche Liebe in Männer- und Frauenklöstern bekannt, weder als historische Untersuchung noch als Analyse heutiger Verhältnisse – obwohl die Tatsächlichkeit der Hinneigung zum eigenen Geschlecht in den Klöstern außer Frage steht. Bei manchen eher als unangenehm empfundenen Themen hält sich die Neugier der Forschung in Grenzen.

Eine heutige Ordensfrau hat die weibliche Sicht des Klosterlebens so ausgedrückt: »Trotz meiner Erfahrung würde ich nicht sagen, dass das Kloster ein Lesbennest ist. Meines Erachtens sind viele Frauen ins Kloster gegangen, um der Sexualität zu entfliehen, ob lesbisch oder heterosexuell. Der Wunsch, Gott zu gehorchen und sich ihm zu weihen, ist oft zweitrangig bei dem Bedürfnis nach Zölibat und Verleugnung. Das Kloster erscheint als Himmel, eine Welt außerhalb der Gefahren dieser Welt.«[106]

Wenn man bedenkt, wie gefährlich die Sexualität für die Frauen (wegen der hohen Sterblichkeitsrate im Wochenbett) in früheren Zeiten gewesen ist, wie erniedrigend auch (wegen des frühen Heiratsalters und der arrangierten Ehen), dann zeichnet sich in der traditionellen weiblichen Motivation, den Schleier zu nehmen, schon eine etwas anders gelagerte Richtung als in der männlichen ab, eine (zumindest aus der heutigen Sicht) recht verständliche. Wie dann jene längst verstorbenen Nonnen mit ihrer so genannten Sexualität umgingen, wird wegen des Schweigens der Quellen bis auf weiteres verborgen bleiben, wenn man von den derberen Klostergeheimnissen absieht.

Aus der Sicht der Beteiligten, Frauen wie Männern, wobei die letzteren wie immer wortreicher sind, stellt sich die Klosterkultur, wenn auch aus unterschiedlicher Motivation, als Alternative zum gesellschaftlich legitimierten Zusammenhang zwischen Sexualität und Gewalttätigkeit dar, wie er in der Familie und in der hohen Politik üblich war und ist. Ob diese Alternative sich als zukunftsträchtig erweist, entscheidet sich, wie das Phänomen der Neuen Innerlichkeit zeigt, nicht in erster Linie in den Klöstern.

7. Die Wildlinge des Glaubens

Ketzerbewegung und Inquisition

> »Ich war den ganzen Abend in übermütiger, streitlustiger Stimmung gewesen, hatte Kellner und Kutscher gefrozzelt, hoffentlich ohne ihnen wehe zu tun; nun gehen mir allerlei freche und revolutionäre Gedanken durch den Kopf, wie sie zu den Worten Figaros passen und zur Erinnerung an die Komödie von Beaumarchais, die ich in der Comédie française aufführen gesehen. Das Wort von den großen Herren, die sich die Mühe gegeben haben, geboren zu werden.«
>
> *Sigmund Freud, Die Traumdeutung*

Das Zitat ist dem Vorbericht entnommen, den Freud einem Traumprotokoll voranstellte, das mit den Worten »Menschenmenge, Studentenversammlung« beginnt. Der Traum versetzte Freud in das Revolutionsjahr 1848 (acht Jahre vor seiner Geburt) und in seine eigene Studentenzeit, während der Zug, in dem er schlief, nach Aussee fuhr, wo Freud seine Ferien verbringen wollte. Vor der Abreise hatte sich Freud während der Wartezeit auf dem Bahnsteig des Wiener Westbahnhofs die Melodie einer Arie aus »Figaros Hochzeit« vorgesungen: »Will der Herr Graf ein Tänzelein wagen, Tänzelein wagen, soll er's nur sagen, ich spiel ihm eins auf.« (Das Libretto von Lorenzo da Ponte, nach dem Mozart komponierte, orientierte sich an der Komödie von Beaumarchais, die damals als Revolutionsstück galt und in Wien verboten war.)

Dass Freud ein Rebell war, bedarf keiner Beweise. Der »Traumdeutung«, seinem Hauptwerk, stellt er ein Motto voran, das seine Absichten deutlich genug ausdrückte: Wenn ich die Oberen nicht beugen kann, werde ich die Unterwelt in Bewegung bringen *(Flectere si nequeo superos, Acheronta movebo).*

Die frechen Gedanken, die Freud durch den Kopf gingen, haben eine lange Geschichte. Sie beginnt in Palästina, wo die Propheten den Königen die Leviten lasen, lang vor Christi Geburt. Max Weber hat in seiner »Religionssoziologie« (einem 150-seitigen Kapitel in seinem Hauptwerk »Wirtschaft und Gesellschaft«), die für mich immer noch die beste ist, ausdrücklich auf die führende Rolle der Juden bei der Entstehung und Verbreitung des von Weber so genannten kleinbürgerlichen oder Paria-Intellektualismus hingewiesen, der uns in diesem Kapitel beschäftigen wird: »Diese philosophische, von – durchschnittlich – sozial und ökonomisch versorgten Klassen, vornehmlich von apolitischen Adligen oder Rentnern, Beamten, kirchlichen, klösterlichen, Hochschul- oder anderen Pfründnern irgendwelcher Art getragene Art von Intellektualismus ist aber nicht die einzige und oft nicht die vornehmlich religiös relevante. Daneben steht: der proletaroide Intellektualismus, mit dem vornehmen Intellektualismus überall durch gleitende Übergänge verbunden … Die am Rande des Existenzminimums stehenden, meist nur mit einer als subaltern geltenden Bildung ausgerüsteten kleinen Beamten und Kleinpfründner aller Zeiten, wo das Schreiben ein Spezialberuf war, die Elementarlehrer aller Art, die wandernden Sänger, Vorleser, Erzähler, Rezitatoren und ähnliche freie proletaroide Berufe gehören dazu. Vor allem aber: die autodidaktische Intelligenz der negativ privilegierten Schichten, wie sie in der Gegenwart in Europa im Osten am klassischsten die russische proletaroide Bauernintelligenz, außerdem im Westen die sozialistische und anarchistische Proletarierintelligenz repräsentiert, zu deren Beispiel aber – mit gänzlich anderem Inhalt – auch die berühmte Bibelfestigkeit der holländischen Bauern noch in der ersten Hälfte des 19. Jahrhunderts, im 17. Jahrhundert diejenige der kleinbürgerlichen Puritaner Englands, ebenso aber diejenige der religiös interessierten Handwerksgesellen aller Zeiten und Völker, vor allem und wiederum in ganz klassischer Art die jüdischen Frommen (Pharisäer, Chassidäer, und die Masse der frommen, täglich im Gesetz lesenden Juden überhaupt) gehören.«[107]

Weber unterschied innerhalb des »proletaroiden Intellektualismus«, dessen religiöse Bedeutung er betonte, zwischen dem »Paria-Intellektualismus« der fahrenden Leute bzw. der »proletaroiden Kleinpfründner«, dem religiös autodidaktischen Intellektualismus der Kleinbürger und dem »Handwerksburschenintellektualismus«, den er in den sozialen Schichten zwischen den Kleinbürgern und den Entwurzelten (bzw. am Rand des Existenzminimums lebenden Händlern) suchte. Sie alle waren, aus der Sicht der Weberschen Geschichtsbetrachtung, für die zweitausend Jahre mitunter wie ein Tag sind, jedenfalls »kleine Leute«, »Mindere« *(minores),* wie der heilige Franz von Assisi sich auszudrücken pflegte. Unter ihnen gediehen jene frechen Gedanken, die schon in der Bibel stehen und sich wie ein roter Faden durch die europäische Ketzergeschichte ziehen. Deren Motto war bereits im englischen Bauernaufstand 1381 sprichwörtlich: »Als Adam grub und Eva spann, wer war da ein Edelmann?« *(When Adam delved and Eva span, who was then a gentleman?)* Das neuzeitliche Gleichheitspostulat der Französischen Revolution ist so alt wie die jüdischen Wurzeln des Christentums, das von Anfang an eine Religion der kleinen Leute war.

Der Unterschied zwischen Land und Stadt ist in der europäischen Ketzergeschichte, die ich zwischen 1150 und 1650 ansetze, weniger entscheidend als der Unterschied zwischen Reichen und Armen, Herren und Knechten. Städtische Revolten waren im Mittelalter ebenso häufig wie Bauernerhebungen, und die religiösen Oppositionellen trafen sich nicht nur in den Hinterzimmern der kleinen Handwerker innerhalb der Stadtmauern, sondern auch in irgendeiner Mühle weit draußen zwischen den Feldern. Sehr häufig waren sie heimatlos wie zum Beispiel die vielen Weberinnen und Weber, die vom Lohnherrn auf die Straße gesetzt wurden. Aus ihrer Sprache kommt die Wendung vom »Anzetteln« eines Aufstands. Umberto Eco hat in seinen Klosterroman eine farbige Aufzählung des mittelalterlichen fahrenden Niedervolks eingeflochten, das für ketzerische Gedanken besonders empfänglich war: »Vaganten, Scharlatane und falsche Mönche, Schwindler, Betrüger, Bettler und Strolche, Aussätzige und Verkrüppelte, kriegsversehrte Landsknechte, Komödianten, Bänkelsänger und Bauchredner, Falschspieler, Zauberkünstler und Nekromanten, fahrende Studenten, entsprungene Konventszöglinge, expatriierte Kleriker, schweifende Juden, den Ungläubigen entkommen mit verwirrtem Geist, Schwachsinnige, Verrückte, Narren, Verbannte, vogelfreie Gesellen, Sträflinge mit abgeschnittenen Ohren, Zigeuner und Sodomiten; dazwischen wandernde Handwerksburschen, Weber und Wollschläger, Kesselflicker und Kleinschmiede, Stuhlmacher, Korbflechter, Scherenschleifer …«[108]

Die erste Nachricht von einer organisierten Gegenkirche, die sich weithin verbreitete, angeblich vom Balkan her, stammt aus dem Jahr 1143.[109] In Köln, dann auch in Lüttich und im französischen Périgord hatten die kirchlichen Behörden Männer und Frauen vernommen, deren Glaubensgedanken sich in bislang unerhörter Weise vom herkömmlichen Frommsein unterschieden. Zwanzig Jahre später taucht in den Schriften des gelehrten Mönches Ekbert und auch in denen des Bischofs Nicolas von Cambrai erstmals eine Bezeichnung für die neuen Irrgläubigen auf. Beide Autoren berichten, dass der Spitzname vom Volk geprägt worden sei. Ekbert, der eine gelehrte Verbindung zu einer antiken Häresie herstellen wollte, notierte den Namen als »Katharer«. Bischof Nicolas hingegen, offenbar näher am ursprünglichen Wortlaut, schrieb »Katter«, und er wusste auch, dass das Wort von den »katten« kam, wie man damals am Rhein und im nördlichen Frankreich (im Niederdeutschen bis heute) die Katzen nannte. Diese Tiere galten den Menschen als teuflische Wesen. Nach dieser plausiblen Lesart ist die Herkunft des Wortes »Ketzer« als Bezeichnung für kätzische, das heißt unheimliche Menschen am ehesten einsichtig zu machen.[110]

Zwischen diesen Anfängen und der letzten Blüte des religiösen Nonkonformismus im England Cromwells um 1650 liegen die 500 Jahre einer Ketzergeschichte, in die auch die Hexenbrände fallen und ohne die es weder die bürgerlichen Demokratien noch die Totalitarismen unseres Jahrhunderts geben würde. Die Instrumentarien staatlicher Repression lassen sich ansatzweise in den Methoden der heiligen Inquisition der römischen Kirche erkennen, die nach Maßnahmen gegen die Ketzereien suchte. Umgekehrt war es stets das ketzerische Moment in den vielen europäischen Revolten des Mittelalters und der frühen Neuzeit, das sozial motivierte Unruhen prinzipiell werden ließ, nämlich zur Kritik an der Legitimität der feudalen Herrschaft: »Legitimitätskonflikte nehmen in traditionalen Gesellschaften typischerweise die Gestalt von prophetischen und messianischen Bewegungen an. Diese wenden sich jeweils gegen die offizielle Version einer religiösen Lehre, die den Staat oder eine Priesterschaft, die Kirche oder eine Kolonialherrschaft legitimieren; dabei appellieren die Aufständischen an den ursprünglichen Gehalt der Lehre… Im europäischen Mittelalter sind Revolten von Bauern, Gesellen, Stadtgemeinden weit verbreitet; viele überschreiten die legitimationskritischen Schwellen nicht; dies geschieht aber häufig dann, wenn sie mit häretischen Bewegungen sich verbinden… Die Bauernkriege sind nur das letzte bedeutende Glied in einer langen Kette von häretisch begründeten und sozial motivierten Aufstandsbewegungen.«[111]

Dieser Befund lässt sich bereits am Beispiel des frühesten Berichts über die Anfänge der erwähnten Gegenkirche illustrieren, der Geschichte vom »plebejischen Menschen« *(homo plebeius)* Leuthard aus dem Dorf Vertus im Gebiet von Chalons sur Marne, der um das Jahr 1000 ein merkwürdiges Erlebnis hatte. Ermüdet von der Feldarbeit sei der Mensch, so berichtet der Mönch Rodulfus Glaber, eingeschlafen und habe geträumt, dass ein großer Bienenschwarm in seinen Körper eingedrungen und hernach mit gewaltigem Summen durch den Mund des Schläfers wiederum entwichen sei. Erschüttert sei der Mann erwacht, alsbald nach Hause gelaufen und habe sich von seiner Frau getrennt. Dann sei er in die Dorfkirche geeilt, habe das Kruzifix gepackt und vor den herbeigeeilten Bauern zerschlagen, die sein auffälliges Verhalten bemerkt hatten. Den Bauern habe Leuthard dann gepredigt, dass er göttliche Offenbarungen empfangen habe, zum Beispiel die, dass das Zehentgeben ein Unsinn sei. Weil das Volk dem Mann Leuthard gern zuhörte und sein Anhang immer größer wurde, griff ein gewisser Bischof Gebuin den wilden Prediger, verhörte ihn und erklärte ihn zum Ketzer. Als ihm danach niemand mehr zuhörte, habe sich Leuthard in einen Brunnen gestürzt und sei jämmerlich ertrunken.[112]

Nach antiker und mittelalterlicher Auffassung galten die Bienen als Boten höheren Wissens. Ihre Eingebungen ermächtigen den Mann Leuthard, den lästerlichen Akt des Kreuzzerschlagens zu setzen, der gegen das wichtigste Hoheitszeichen der damaligen Obrigkeiten gerichtet war und sie als illegitim denunzierte, weil der Gott, in dessen Namen sie atmeten, als Popanz entwertet wurde, der nichts gegen seine Entwürdigung vermochte. Im Übrigen erinnert das Vorgehen Leuthards an die Praxis der »Bogomilen« auf dem Balkan, die Kruzifixe zu zerhacken pflegten.[113]

Die Glaubensgemeinschaft der Bogomilen, benannt nach dem Priester Bogomil, der im 10. Jahrhundert auf dem Balkan predigte, hatte handfeste politische Gründe, an einer eigenständigen Theologie festzuhalten, weil das Gebiet, in dem sie ihre Wurzeln schlug, zwischen den Einflusssphären des päpstlichen Rom und des orthodoxen Byzanz lag. Die Bogomilengräber in der heutigen Herzegowina geben der Forschung immer noch viele Rätsel auf. Gar nicht rätselhaft hingegen erscheint die Einstellung der Bogomilen gegenüber den Autoritäten. »Die Häretiker«, so schrieb der Priester Kosmas in einer Streitschrift gegen die Bogomilen im 10. Jahrhundert, »lehren ihre eigenen Leute, den Herren keinen Gehorsam zu leisten, sie schmähen die Reichen, hassen den Zaren, machen die Ältesten lächerlich, tadeln die Bojaren, betrachten die Diener des Zaren als eine Schande vor Gottes Angesicht und untersagen jedem Leibeigenen, für seinen Herrn zu arbeiten.«[114]

Die übrigen Glaubenslehren der Bogomilen brauchen hier nicht ausgebreitet zu werden; es genügt für diesen Zusammenhang, ihre Herkunft von der heute versunkenen Religion des Persers Mani (216–274 n. Chr.) zu kennen, die ihrerseits auf die so genannte Gnosis zurückging, eine levantinische Geheimlehre aus der Zeit um Christi Geburt. Alle diese Systeme lehrten, dass die Welt böse sei, das Werk eines widergöttlichen Baumeisters (Demiurgen), der die Funken des seligen Urlichts in die Materie eingesperrt hatte. Verpönt war deshalb in den genannten Systemen der Akt der Fortpflanzung, weil durch ihn die schlechten Verhältnisse ihre Dauerhaftigkeit hatten. Mit dieser prinzipiellen Ablehnung der Ehe mussten die Gnostiker, Manichäer und Bogomilen jeder Behörde verdächtig sein, und sie wurden dementsprechend verfolgt. Außerdem blamierten sie mit ihrer Kritik am Demiurgen die Rede vom guten Anfang der Dinge, eines der wichtigsten Instrumente legitimistischen Denkens.[115] In der Forschung gilt es heute als ausgemacht, dass bogomilische Händler ihre subversiven Lehren in den Westen brachten und somit als Paten jener Gegenkirche zu gelten haben, die um die Mitte des 12. Jahrhunderts erstmals die Gerichte beschäftigte.

Dass diese alten Geschichten eine Wahrheit transportieren, die auch heutige Denker zu ergreifen vermag, zeigt die Rezension der »Aufzeichnungen 1973–1985« von Elias Canetti[116] durch Hans Mayer: »Canettis Werk ist gottlos. Canetti hält es mit den Gnostikern, denen die Weltschöpfung als Fehlschlag erschienen war: ›Verachtung Gottes für seine missglückte Schöpfung. Eine Schöpfung die auf Fraß gestellt ist – wie soll sie glücken?‹«[117]

Damit sind wir beim gar nicht so mittelalterlichen Kern jenes (keineswegs unfrommen) Denkens, das alle Macht von Menschen über Menschen, auch die familiäre, auch die staatliche, prinzipiell entwertet und deshalb durch die Jahrhunderte verketzert wurde.

Das Jahr 1209 markiert den Beginn des professionellen Terrors der geistlichen und weltlichen Behörden gegen die Ketzer. Die so genannten Albigenserkriege (1209–1229) begannen als päpstlicher »Kreuzzug« gegen die südfranzösischen Katter bzw. Katharer, die eine eigene kirchliche Organisation aufgebaut hatten und als *boni homines* (anständige Leute) bei der Bevölkerung beliebt waren, ganz im Gegensatz zu den korrupten katholischen Klerikern. Das Ritterheer unter dem Oberbefehl päpstlicher Legaten nahm am 21. Juli 1209 die Stadt Béziers ein und richtete unter den in die Kirche Sainte Madeleine geflüchteten Frauen, Kindern und alten Leuten ein Blutbad an, das Tausende das Leben kostete.

Friedrich II. von Hohenstaufen erließ dann 1232 ein Gesetz gegen die »Schlangensöhne des Unglaubens«, dessen Prosa keinerlei Milde verhieß: »Da Wir nun, wenn Unser erhabener Zorn gegen die, welche Unseren Namen geschmäht haben, entbrennt, die der Majestätsbeleidigung Schuldigen in ihren Personen und ihre Kinder zur Enterbung verdammen, so verfahren Wir viel gerechter noch gegen die Schmäher des göttlichen Namens und die Verkleinerer des katholischen Glaubens, indem Wir die Erben und die Nachkommen der Schützer, Begünstiger und Schirmherren der Ketzer bis in die zweite Generation aller weltlichen Güter, öffentlichen Ämter und Ehren kraft kaiserlicher Autorität berauben, auf dass sie in Erinnerung an das Verbrechen des Vaters in dauernder Trauer dahinschwinden, in Wahrheit wissend, dass Gott ein eifriger Gott ist, der die Sünden der Väter gewaltig heimsucht. Die Ketzer aber, wo immer im Reich sie von der Kirche verdammt und dem weltlichen Gericht überwiesen sind, sollen, so bestimmen Wir, mit der gebührenden Strafe belegt werden.«[118]

Die »gebührende Strafe« musste nicht immer der Tod auf dem Scheiterhaufen sein. Häufiger waren Gefängnisstrafen, befohlene Wallfahrten zu berühmten Heiligtümern, demütigende Kleidungsvorschriften, etwa der Befehl zum ständigen Tragen gelber Stoffkreuze vorne und hinten am Obergewand.

Es gibt Anzeichen dafür, dass die Ketzergesetze Friedrichs II. von der päpstlichen Kurie formuliert worden waren. Bereits im Jahr 1224 hatte Friedrich von Hohenstaufen den Feuertod als Strafe für Ketzerei angeordnet. Wie wenig zimperlich dabei vorgegangen wurde, geht aus der kaiserlichen Antwort auf eine Anfrage des Erzbischofs von Magdeburg hervor, der als kaiserlicher Legat in der Romagna tätig war: »Wer vom Bischof seiner Diözese als Häretiker überführt worden ist, soll auf dessen Bitte hin von der weltlichen Gerichtsautorität alsbald ergriffen und dem Scheiterhaufen überliefert werden. Falls die Richter in ihrer Barmherzigkeit ihm das Leben schenken, soll man ihm wenigstens die Zunge, mit der der katholische Glaube gelästert worden, herausreißen.«[119]

Die Kodifizierung der päpstlichen Inquisition stammt aus dem Jahr 1231, mit der Konstitution »Excommunicamus«, in welcher die Einrichtung ständiger, dem Papst unterstellter Ermittler gegen Ketzer zum Gesetz gemacht wurde. Fortan war ein »harmonisches Zusammenwirken von Krone und Papsttum«, wie sich das »Handbuch der Kirchengeschichte« im Jahr 1968 immer noch ausdrückt, die Regel. Die Inquisitoren, häufig aus dem 1217 approbierten Dominikanerorden, reisten durch die Lande, begleitet von Gerichtsdienern und Folterknechten, und fahndeten nach den Ketzern, die sie mit polizeiwissenschaftlichen Methoden überführten und sodann dem »weltlichen Arm« zur Exekution überließen. Das Inquisitionsverfahren beruhte auf Denunziation, war nicht öffentlich und – die entscheidende Neuerung gegenüber dem Römischen Recht – zielte auf die Gedanken der Menschen, ihre Gesinnung.

Der 1984 verstorbene französische Historiker Michel Foucault hat die unermüdliche Wissbegier der Inquisitoren als konstitutives Merkmal der abendländischen Zivilisation aufgefasst: »Spätestens seit dem Mittelalter haben die abendländischen Gesellschaften das Geständnis unter die Hauptrituale eingereiht, von denen man sich die Produktion der Wahrheit verspricht: Regelung des Bußsakramentes durch das Laterankonzil von 1215, die darauf folgende Entwicklung der Beichttechniken, in der Strafjustiz Rückgang der Klageverfahren, Verschwinden der Schuldbeweise (Eid, Duell, Gottesurteil) und Entwicklung von Vernehmungs- und Ermittlungsmethoden, Kompetenzerweiterung der königlichen Verwaltung bei der Verfolgung von Vergehen auf Kosten der privaten Vergleichsverfahren, Einsetzung der Inquisitionsgerichte – all das hat dazu beigetragen, dem Geständnis eine zentrale Rolle in der Ordnung der zivilen und religiösen Mächte zuzuweisen … Im Abendland ist der Mensch ein Geständnistier geworden.«[120]

Jedenfalls mutet die Genauigkeit des Ermittlers, der im Dienst der behördlich sanktionierten Wahrheit steht und die innersten Geheimnisse des Abweichlers vor dem im Hintergrund drohenden Tod erfragt, durchaus modern an, wenn man an die Geschichte der Konzentrationslager im 20. Jahrhundert denkt. Auch die Gleichung Konzentrationslager = Umerziehungslager, also die neuzeitliche Gleichung Strafen = Heilen, ist in der Inquisition bereits voll entwickelt. Allemal geht der Eifer der Inquisiteure auf die Rettung der unsterblichen Seele des Ketzers los.

Ein besonderer Gegenstand der inquisitorischen Neugier war das christliche Fleisch mit seinen heimlichen Lüsten, wenn es gegen das Gebot der Fortpflanzung verstieß. Während der von der französischen Krone betriebenen Ausrottung des Ordens der Templer (zwischen 1307 und 1313), bei der Inquisitoren die Vernehmungen führten, spielte erstmals die Anklage wegen gleichgeschlechtlicher »Unzucht« eine wichtige Rolle. Seit damals oszillierten die Vorwürfe der Inquisiteure zwischen der Anklage wegen Ketzerei und der Anklage wegen teuflischer Lüste. Bis heute erinnert das englische Wort für Päderast, *bugger*, an die Bogomilen. Von der anderen Seite las sich die Geschichte anders. Ein verhafteter Ketzer, der letzte »Vollkommene« des ausgerotteten Katharismus in Südfrankreich, ein gewisser Guilleaume Bélibaste, der in der Gegend des Dorfes Montaillou (im Tal der Arriège, südlich von Toulouse) untergeschlüpft war, äußerte sich so: »Er sagte, es gäbe vier große Teufel in der Welt, die herrschten und die Welt regierten: den Herrn Papst, der der größte Teufel sei, und den er Satan nannte; den Herrn König von Frankreich, den zweitgrößten Teufel; den Bischof von Pamiers, den drittgrößten, und den Herrn Inquisitor von Carcassonne, den vierten.«[121]

Belibaste wurde 1321 auf Befehl des Erzbischofs von Narbonne verbrannt. Im selben Jahr predigte, ebenfalls in Narbonne, ein Mitglied des Dritten Ordens der Franziskaner, dass Jesus Christus und die Apostel weder privates noch gemeinsames Eigentum besessen hätten. Der Mann wurde von der Inquisition angezeigt, und der Inquisitor berief ein Consilium örtlicher Notabeln ein, Theologen und Juristen. Unter ihnen befand sich auch ein Franziskaner, der in Narbonne Theologie dozierte. Er erhob unter Berufung auf eine päpstliche Bulle aus dem Jahr 1279 sofort Einspruch gegen die Verketzerung der Predigt seines Kollegen. Der Inquisitor klagte daraufhin den Dozenten prompt der Irrlehre an, und beide appellierten an den Papst. Dieser, ohnehin gereizt durch den so genannten Armutsstreit mit den Franziskanern, der die Theologen ein rundes Jahrhundert beschäftigt hatte und in dem es genau um die Frage ging, ob Jesus besitzlos gewesen sei, forderte alle theologischen Fakultäten Europas auf, die Rechtgläubigkeit der These von der Besitzlosigkeit Jesu und der Apostel zu prüfen.

Am 12. November 1323 wurde dann eine päpstliche Bulle, wie damals üblich, an die Tür der Kathedrale von Avignon angeschlagen, wo der Papst zu jener Zeit residierte. Die Bulle erklärte die These von der privaten und kollektiven Besitzlosigkeit Jesu und der Apostel für häretisch.[122] Damit war, nach der definitiven Ausmerzung der Katter/Katharer, auch die zweite kirchenkritische Strömung im hochmittelalterlichen Europa, die so genannte Armutsbewegung aus dem 12. Jahrhundert, ideologisch neutralisiert. Ihre kirchlich anerkannten Formen, zum Beispiel die so genannten Bettelorden der Franziskaner und Dominikaner, beugten sich dem Urteil des Papstes; die übrigen Gruppierungen, beispielsweise die Waldenser, mussten als Ketzer im Untergrund bleiben.

Der bekannteste Repräsentant der Armutsbewegung, Franz von Assisi (1182–1226), war ein Propagandist der Verkleinerungsform. Er wurde *poverello* genannt, weil er eine Ethik der Besitzlosigkeit, der Unscheinbarkeit *(humilitas, simplicitas)* und der Friedfertigkeit bzw. Gewaltlosigkeit predigte. Mit dieser Botschaft, verbunden mit einer anspruchslosen Lebensführung, vermittelte er den kleinen Leuten, dem *popolo minuto,* ein neues Selbstbewusstsein, das dem Evangelium des Jesus Christus eher entsprach als die Arroganz der Mächtigen und der Luxus der Reichen. Die Franziskaner bauten ihre Klöster und Kirchen mit Vorliebe in die neuen Stadtviertel außerhalb der alten (und innerhalb der neuen) Stadtmauern, wo die kleinen Geschäftsleute, Handwerker, Taglöhner wohnten, im Gegensatz zu den Bankiers und Handelsherren, auch den Aristokraten und hohen Klerikern im Zentrum der Stadt.

Der Puritanismus des Franz von Assisi, wie man seine Doktrin aus heutiger Sicht durchaus nennen kann, erweist sich als wichtigste Konstante der europäischen Ketzergeschichte von den Kattern/Katharern bis zu den Soldaten Cromwells. Franz konnte nicht ahnen, dass sein Hass auf Geld und Besitz, sein Lob der Bescheidenheit, seine Vorliebe für kleine und schmucklose Kirchen eben jene Einstellungen förderte, ohne die es in Europa keinen Kapitalismus gegeben hätte: Fleiß und Sparsamkeit. So gesehen ist die Ketzergeschichte keineswegs nur eine Geschichte der »Besiegten«, eine Chronik der Opfer von Glaubenskriegen, Inquisition und Hexenverfolgung, sondern auch der folgenreichen Formulierung von Ideen, die das aristokratisch-klerikale Feudalsystem delegitimierten und schließlich zu Fall brachten.

Eine interessante Linie, die im Einzelnen hier nicht nachgezeichnet werden kann, führt von dem Franziskanertheologen Wilhelm von Ockham (gestorben 1347) bzw. dessen Staatstheorie, in welcher die Souveränität des Volkes bereits anklingt – Ockham flüchtete vorsichtshalber aus dem päpstlichen Avignon nach München –, und den Auffassungen des Marsilius von Padua (gestorben 1343 ebenfalls in München), der dem Volk die alleinige Gesetzgebungsgewalt zusprach, über John Wyclif (gestorben 1384), der den Klerikern die Oberhoheit über die »Laien« absprach und mit seinen Ideen den böhmischen Reformtheologen Jan Hus (verbrannt 1415 auf dem Konzil von Konstanz) beeinflusste, zum neuzeitlichen Begründer der Lehre vom Sozialkontrakt Johannes Althaus (Althusius), der bereits der Reformationszeit angehört (gestorben 1638) und seinerseits für den Quäker William Penn (gestorben 1718) wichtig wurde, dessen »heiliges Experiment« in dem nach ihm benannten Pennsylvanien die Regierungsgewalt allein in die Hände des Volkes legte, was dann auch in die Verfassung der Vereinigten Staaten von Nordamerika geschrieben wurde.[123] Selbstverständlich waren es nicht die Bücher und Flugschriften der genannten Gelehrten, die zur Geburt der neuzeitlichen Demokratie führten, sondern ihre Leser in Böhmen, Holland und England, also die Hussiten, die (Wieder-)Täufer, die Nonkonformisten und Dissenter zwischen 1420 und 1700 mit ihren Bibelrunden, in denen die freie Rede praktiziert wurde. Wie Rufus M. Jones zeigt, steht die Option für ein demokratisch regiertes Staatswesen in engem Zusammenhang mit den Erfahrungen holländischer und englischer Glaubensvereine aus dem 17. Jahrhundert mit der Selbstverwaltung ihrer Kongregationen.[124] Allein in England zählte ein Chronist im Jahr 1646 nicht weniger als 176 verschiedene Sekten, und die Armee Cromwells wurde zu einem Diskussionsforum für religiöse und demokratische Gedanken. Auf dem

»Grand Council Meeting« vom 25. Oktober 1647 in Putney, wo die Vertreter der Soldaten und der Offiziere über eine neue Bill of Rights debattierten, erklärte ein gewisser Mr. Wildman, dass »every person in England hath as cleere a right to elect his representative as the greatest person in England«, und der Colonel Rainborow vertrat die Auffassung, dass »the foundation of all law lies in the people«.

Dieser Zusammenhang zwischen dissentierender nonkonformistischer Religiosität und radikaldemokratischen Optionen besteht ausschließlich in Ländern, die von der Reformation ergriffen waren. Mit diesem Befund lässt sich ein Seitenblick auf Österreich verbinden, das nach neuesten Forschungen zu den »Kernzonen« der europäischen Ketzerbewegungen des 13. und 14. Jahrhunderts zählte,[125] später jedoch zur führenden europäischen Großmacht der Gegenreformation wurde und die Protestanten sehr rüde behandelte.[126] Über die Affinität zwischen zentralistisch regierten Ländern und katholischem Glauben hat der amerikanische Soziologe Guy E. Swanson[127] für die Zeit zwischen 1490 und in Europa eindrückliche Belege gesammelt. Umgekehrt ist der Zusammenhang zwischen Protestantismus, Demokratie und Kapitalismus evident, jedenfalls seit dem Erscheinen der berühmten Studie von Max Weber »Die protestantische Ethik und der Geist des Kapitalismus«[128]. Das lässt sich auch eindringlicher formulieren:

> »Das Licht vom Himmel lässt sich nicht versprengen,
> noch lässt der Sonnenaufgang sich verhängen
> Mit Purpurmänteln oder dunklen Kutten;
> Den Albigensern folgen die Hussiten
> und zahlen blutig heim, was jene litten;
> Nach Huß und Ziska kommen Luther, Hutten,
> Die dreißig Jahre, die Cevennenstreiter,
> Die Stürmer der Bastille und so weiter.«

Das »und so weiter« der letzten Zeile von Nikolaus Lenaus »Die Albigenser«, ein nicht eben üblicher Schluss für ein lyrisches »Epos«, signalisierte im Jahr 1842 die Hoffnung des Autors, dass der Vormärz nicht ewig währen, dass die Ideen der bürgerlichen Revolutionen schließlich siegen würden. (Lenau starb 1850 in einer Irrenanstalt in Wien-Döbling.) Sein Zeitgenosse Ludwig Tieck hatte 1826 den historischen Roman »Der Aufruhr in den Cevennen« veröffentlicht, als Ketzergeschichte aus dem Jahr 1703 und als Plädoyer für die Toleranz.

Diese beiden Beispiele aus der deutschen Romantik stehen hier als Belege für die neuere Rezeptionsgeschichte der europäischen Ketzereien, in der die »Wildlinge des Glaubens « (Gottfried Keller, Der grüne Heinrich) als Vorkämpfer der bürgerlichen Freiheiten, später auch als frühe Sozialisten gefeiert wurden.[129] Den letzten Paukenschlag dieser Art von Aneignung bot der 1921 erschienene »Thomas Münzer« von Ernst Bloch, ein leidenschaftliches Buch »revolutionärer Romantik« (so Bloch selbst in der »Nachbemerkung« der Ausgabe von 1976), geschrieben in der Hoffnung auf das Übergreifen der Oktoberrevolution auf Deutschland. Seither ist es um die Ketzer stiller geworden, und der ideologische Streit zwischen ihren materialistischen und ihren ideengeschichtlichen Interpreten tobt nur noch auf den Seiten der Sekundärliteratur. Bemerkenswert erscheint in diesem Zusammenhang die Abwesenheit ketzerischer Referenzen in den zehntausend Büchern der »Neuen Innerlichkeit« aus den letzten 35 Jahren, wie sie von Verlagen wie Sphinx, Ansata, O. W. Barth, Diederichs, Aurum verlegt werden. Freche und revolutionäre Gedanken sind im »New Age« offensichtlich nicht besonders gefragt.

8. Gefährliche Heiligkeit

Religion im Zeitalter des Faschismus

»Wenn uns unsere Mutter oder unsere ältere Schwester bald im Bois de Boulogne, bald in den öffentlichen Anlagen neben den ›Treibhäusern der Stadt Paris‹ spazierenführte, hatten wir oft diesen ungenau definierten Bereich zu durchqueren (der sich von der bürgerlichen Welt der Häuser genauso unterscheidet wie für die Angehörigen der sogenannten ›primitiven‹ Zivilisationen das Dorf sich dem Busch gegenüberstellt: der unbestimmten Welt, dem eigentlichen Schauplatz aller mythischen Abenteuer und seltsamen Begegnungen, welche schon unmittelbar nach Verlassen der gebührend abgesteckten und ausgewiesenen Welt des Dorfes beginnt), diese tatsächlich von Räubern und Unholden unsicher gemachte ›Zone‹. Wenn wir uns schon einmal dort zum Spielen aufhielten, warnte man uns denn auch vor den Unbekannten (in Wirklichkeit, wie ich heute weiß: vor den Satyren, den Lüstlingen), die unter irgendwelchen fadenscheinigen Vorwänden hätten versuchen können, uns ins Dickicht zu locken. Ein Milieu außerhalb des Normalen, mit außerordentlichen Tabus belegt, ein tief vom Übernatürlichen und Heiligen durchdrungener Bereich, grundverschieden von den öffentlichen Anlagen, in denen alles vorhergesehen ist, geordnet, mit dem Rechen geglättet.«

Michel Leiris, Die eigene und die fremde Kultur, Frankfurt 1977, 232

Der französische Schriftsteller und Ethnologe Michel Leiris (geboren 1901), Surrealist (1924–1929) und politisch engagierter

Intellektueller, gründete mit einigen Freunden, unter ihnen Georges Bataille und Roger Caillois, im März 1937 ein »Collège de Sociologie«, für dessen Abendvorträge er den Aufsatz »Das Heilige im Alltagsleben« verfasste, aus dem das obige Zitat entnommen ist. Das Interesse dieser Intellektuellen für »das Heilige« *(le Sacré)* konzentrierte sich auf die Zusammenhänge zwischen Gewalttätigkeit, Geschlechtslust und Religiosität, vergleichbar den Obsessionen eines Luis Buñuel, dessen Filme ebenfalls um diese Thematik kreisen.[130] Zwischen diesen Pariser Soziologen und dem deutschen »Institut für Sozialforschung« von Max Horkheimer (1933–1950 in der Emigration) vermittelte Walter Benjamin (gest. 1940 durch Selbstmord auf der Flucht vor der Gestapo Hitlers), der den Surrealisten nahe stand.

Der erwähnte Aufsatz von Leiris, geschrieben kurz vor dem Ausbruch des Zweiten Weltkriegs, in dem der millionenfache Mord an den deutschen und europäischen Juden durch die Organe des Deutschen Reiches die Geschichte des religiös fundierten christlichen Judenhasses zum folgerichtigen Ende bringen sollte, überschreitet ausdrücklich die Grenze, die das Gewöhnliche vom Ungewöhnlichen, das Anständige vom Unanständigen, das Erlaubte vom Verbotenen, das Vertraute vom Geheimnis trennt. Erst jenseits dieser Grenze, außerhalb dessen, »was heute das offizielle Heilige ausmacht (Religion, Vaterland, Moral)«, wird jenes Etwas spürbar, bei dessen Herannahen sich die »Mischung aus Respekt, Begierde und Schrecken« einstellt, die für Leiris das psychische Signal für die Begegnung mit »dem Heiligen«, so wie er es versteht, darstellt.[131]

Die Rede von »dem« Heiligen, wie Leiris sie führt, verdankt sich dem Buch eines Universitätslehrers aus der deutschen Provinz. Im Jahr 1917 erschien »Das Heilige. Über das Irrationale in der Idee des Göttlichen und sein Verhältnis zum Rationalen« von Rudolf Otto (gestorben 1937), ordentlichem Professor für (evangelische) systematische Theologie in Marburg an der Lahn. Das Buch wurde in alle Weltsprachen übersetzt und findet sich mittlerweile in vielen Fußnoten der wissenschaftlichen Bücher und Aufsätze, die sich mit Religion befassen.[132] Der alte Adolf von Harnack (1851–1930), Schulhaupt der liberalen evangelischen Theologie und maßgeblicher Erforscher der Geschichte des frühen Christentums, schrieb bald nach Erscheinen der Studie Ottos: »Als vor hundertdreißig Jahren Schleiermacher ›Die Religion‹ und als in unseren Tagen Otto ›Das Heilige‹ aus umstrickenden und niederziehenden Verbindungen herausführte, ging ein Schauer der Erleuchtung und Befreiung durch deutsche evangelische Christen.«[133]

Was war geschehen? Otto hatte, dem Anschein nach brav kantianisch, in Wirklichkeit dem deutschen philosophischen Idealismus Lebewohl gesagt und »eine geheimnisvoll-dunkle Sphäre« in der Idee des Göttlichen angedeutet, die er »das Irrationale« nannte[134] und in die »Komplex-Kategorie des Heiligen« eingehen ließ: »Betrachten wir das Unterste und Tiefste in jeder starken frommen Gefühlsregung, sofern sie noch mehr ist als Heilsglaube, Vertrauen oder Liebe, dasjenige, was auch ganz abgesehen von diesen Begleitern auch in uns zeitweilig das Gefühl mit fast sinnverwirrender Gewalt erregen und erfüllen kann, verfolgen wir es durch Einfühlen, durch Mit- und Nachgefühl bei anderen um uns her, in starken Ausbrüchen des Frommseins und seinen Stimmungsäußerungen, in dem, was um religiöse Denkmäler, Bauten, Tempel und Kirchen wittert und webt, so kann sich uns als Ausdruck der Sache nur eines nahe legen: Gefühl des *mysterium tremendum,* des schauervollen Geheimnisses.«[135]

Als der Religionsprofessor diese Zeilen zu Papier brachte, konnte er noch nicht wissen, dass seine »Komplex-Kategorie des Heiligen« den Führerkult im nationalsozialistischen Deutschland der dreißiger Jahre hervorragend beschrieb. Die »fast sinnverwirrende Gewalt« der Gefühlserregung, wie sie die Massen auf dem Reichsparteitagsgelände in Nürnberg ergriff, lässt sich mit der von Otto behaupteten »Kontrastharmonie« aus Schauer und Entzücken recht gut analysieren: »Für diese Kontrastharmonie, für diesen Doppelcharakter des Numinosen zeugt die ganze Religionsgeschichte mindestens von der Stufe der ›dämonischen Scheu‹ an. Sie ist das seltsamste und beachtlichste Vorkommnis überhaupt in der Religionsgeschichte. So grauenvoll-furchtbar das Dämonisch-Göttliche dem Gemüt erscheinen kann, so lockend-reizvoll wird es ihm. Und die Kreatur, die vor ihm erzittert in demütigstem Verzagen, hat immer zugleich den Antrieb, sich zu ihm hinzuwenden, ja es irgendwie sich anzueignen. Das Mysterium ist nicht bloß das Wunderbare, es ist auch das Wundervolle. Und neben das Sinnverwirrende tritt das Sinnberückende, Hinreißende, seltsam Entzückende, das oft genug zum Taumel und Rausch sich Steigernde, das Dionysische der Wirkungen des numen.«[136]

In diesen Zeilen lässt nicht nur Nietzsche grüßen. In ihnen ist der Biedersinn der landläufigen kirchlichen Religiosität, die Ehrbarkeit des sonntäglichen Kirchgangs, die Gemütlichkeit der Pfarrhofjausen nicht anzutreffen. Das »Ganz andere« Ottos, das aus dem Bereich des Gewohnten, Verständlichen und Vertrauten herausfallende »Heilige« hat sich aus dem Elternhaus des Wahren-Guten-Schönen verabschiedet, es tritt als selbständige Größe auf die spekulative Bühne, kann somit weder erkenntnistheoretisch noch moralphilosophisch, noch ästhetisch ganz zur Ordnung gerufen werden. Man befindet sich mit ihm, wie Leiris pointiert hat, in der Wildnis.

Oder im Gelehrtenjargon des 20. Jahrhunderts: Als Abstraktsingular findet sich »das Heilige« nicht einmal im alten Israel, wo das Prädikat »heilig« *(kadosch)* für die Frömmigkeit zentral war; »das Heilige« bezeichnete dort jenen Innenraum des Gotteszeltes, der dem »Allerheiligsten« als Vorzimmer diente. Als Prädikat fehlte »heilig« im alten China vollständig, während es im alten Rom *(sacer)* oder Hellas *(hieros, hagios)* lediglich bestimmte Teilbereiche des Ritualsystems identifizierte.[137] Wissenschaftler wie Emile Durkheim und Wilhelm Wundt, Gründer des ersten Instituts für experimentelle Psychologie, erhoben 1912 bzw. 1906 »das Heilige« erstmals zur Ehre des Auftretens im wissenschaftlichen Diskurs,[138] in dem es sich dann durch die Wirkung der Arbeit Rudolf Ottos fest etablierte als Schlüsselbegriff der Religionswissenschaft Europas und später Nordamerikas, also der Industrieländer. Merkwürdig dabei war das Zusammentreffen dieser neuen Begriffsbildung mit dem Auftreten der diversen Faschismen in Europa, deren Aufmärsche, Massenrituale und Heilrufe eine Weihestimmung suggerierten, der die christlichen Kirchen hilflos gegenüberstanden. »Deutschland, heiliges Wort, du voll Unendlichkeit« – so wurde damals gesungen, während die Rüstungsindustrie angekurbelt wurde.

Die Frage nach dem Zusammenhang zwischen dem Auftauchen »des« Heiligen in der europäischen Religionswissenschaft und dem Heiligkeitscharakter der Faschismen ist, soweit mir bekannt, in keiner religionssoziologischen Publikation gestellt worden. Es waren intellektuelle Außenseiter wie Leiris und Bataille, die »das« Heilige zwar nicht direkt in den faschistischen Riten suchten, es aber immerhin eher auf der verpönten, ja verruchten Seite der zwischenmenschlichen Beziehungen vermuteten.

Deutlicher wurde in diesem Zusammenhang ein anderes Mitglied des »College«, Roger Caillois, dessen Buch *L'homme et la sacre* 1939 erschien. Darin figurierte neben dem Quatorze Juillet auch der Nürnberger Parteitag der Nazis als Beispiel für jene strahlenden Unterbrechungen des monotonen Alltags, in denen sich das kollektive Heilige zu manifestieren pflege. Gleichwohl war Caillois kein Faschist. Er hatte sich zusammen mit Bataille an die KPF gewandt, mit einem Konzept zur Emotionalisierung der proletarischen Massen, als Medizin gegen die faschistische Infektion. Wahrscheinlich hatten sich die beiden an den Februar 1934 erinnert, als in Paris nach einem faschistischen Putschversuch die erste spontane Großdemonstration aus Kommunisten und Sozialisten losging, ohne Direktiven aus den Parteizentralen.

Die Apotheose der Zerstörung gesellschaftlichen Reichtums, mit der Caillois sein Buch enden ließ, wurde seit dem 1. September 1939 von den Nazis in den »Sondermeldungen« des deutschen Rundfunks realisiert. Caillois sah sich gezwungen, 1950 den Reichsparteitag aus der zweiten Auflage seines Buchs zu streichen und den Krieg als »schwarzes Fest« aufzufassen, ohne Heiligkeitsprädikat.

Inzwischen hatte jedoch der Rumäne Mircea Eliade im Jahr 1949 seinen *Traité d'histoire des religions* veröffentlicht. Der erste Satz der Abhandlung lautete: »Alle bisher gegebenen Definitionen des Phänomens Religion weisen ein Gemeinsames auf – jede von ihnen setzt in irgendeiner Weise das Heilige und das religiöse Leben dem Profanen und dem weltlichen Leben entgegen.« Das stimmte zwar nicht ganz, nahm aber mit sicherem Gespür den damals herrschenden Trend in der Zunft der Religionswissenschaftler wahr. Eliade bekam einen Lehrstuhl in Chicago und wurde zu einer Berühmtheit, mit rund 15 000 veröffentlichen Druckseiten. Als Stilist war Eliade ganz passabel. Seine Gelehrsamkeit gewann ihre Glanzlichter durch ein Vorgehen, das wie ein Irrwisch durch Zeiten und Räume flutschte, heutige Eskimos mit den alten Ägyptern, alpenländisches Brauchtum mit den Gepflogenheiten der australischen Aborigines vergleichend. Der Reiz solcher Komparatistik lag im touristischen Blick, zu dem Eliade einlud, und im Versprechen, universellen Menschheitsgeheimnissen auf die Spur zu kommen. Wenn Eliade von der Mondmystik erzählte, vom Mythos der ewigen Wiederkehr, von heiligen Bäumen und den Archetypen der Heilkräuter, kosmischen Symbolen, Hierophanien und Orgien, von Megalithen und Nymphen und dem Durst der Toten, dann entstand in den Lesenden jenes merkwürdige Behagen, wie es Tolkien erzeugt oder Castaneda.

Die Ordnung, die Eliade in sein Panoptikum brachte, ähnelte eher der Jungschen Tiefenpsychologie als dem Katalog eines Völkerkundemuseums. Sonne und Mond, Mütter und Väter, Himmel und Erde, Wasser, Stein, Pflanze, Tier, Paläste und Tempel, Anfang und Ende lockten als Überschriften der Kapitel zu stillen Ausschweifungen in der Welt eines Heiligen, das weitaus abwechslungsreicher war als die Sonntagspredigt des Pfarrers. Das Heilige Eliades war unpolitisch und ungeschichtlich. Zwar offenbarte es sich in bestimmten historischen Situationen, aber es selbst war eine zeitlose Größe, wie die Magna Mater, die sich in Steinzeitfiguren, Skulpturen der Kybele oder Isis, Madonnenbildern und Marienerscheinungen manifestierte. Die verschiedenen »Hierophanien« redeten im Text Eliades mit gleichem Gewicht, da gab es keine Bevorzugung nach Alter, Geschlecht oder Konfession.

Die Bücher Eliades, zusammen mit denen von Karl Kerényi, Franz Altheim, Walter F. Otto, Robert von Ranke-Graves und dem Band 11 der Gesammelten Werke von Carl Gustav Jung, *Zur Psychologie westlicher und östlicher Religion,* vermittelten ein Lektüregefühl eskapistischer Art wie ein Schweifen im Zeitlosen, wo Einst und Jetzt einander die Hand reichten, verständnisinnig. Mit den Tagesnachrichten hatte das scheinbar nichts zu tun, nichts mit Adenauer, de Gasperi, de Gaulle, den christlichen Politikern jener Zeit. *In illo tempore:* Damit war bei Eliade eine ewige Gegenwart gemeint, in der Christkind und Horusknabe warteten, um alle Jahre wieder der frommen Gemeinde zu den heiligen Zeiten zu erscheinen.

Seither ist einiges passiert, in der Politik und im Geistesleben. Um Eliade war es seit etwa 1970 recht still geworden, wie in einem verträumten Viertel abseits vom Straßenverkehr. Auf dem Mammutkongress der *Anthropological and Ethnological Sciences* 1973 in Chicago glänzte Eliade durch Abwesenheit. Offenbar hatte ihn niemand zu einem Referat eingeladen. Professor Agehananda Bharati von der Syracuse University, der den Vorsitz der Sitzung »History, Ecology, and Evolution in the Anthropological Study of Religion« hatte, bemerkte gleich zu Beginn, dass Theorien über den Ursprung der Religion von Haus aus unwissenschaftlich seien, auch wenn so respektable Leute wie Max Müller, Paul Deussen, Rudolf Otto, Mircea Eliade, C. G. Jung und andere sie aufgestellt hätten. Der Grund für die Unzulässigkeit solcher Spekulationen sei, mit Sir Popper gesprochen, ihre Nichtfalsifizierbarkeit.

Das war der wissenschaftspolitische Ton, der sich mittlerweile in der Zunft durchgesetzt hat. Kein einschlägiges Journal veröffentlicht heute einen Artikel, der sich mit dem Ursprung oder dem Wesen »der« Religion oder »des« Heiligen befasst. Der Respekt der Fachwelt für Eliade, auch nach dessen Tod im Jahr 1986, gilt seinen brillanten Einzelstudien, zum Beispiel seinem Buch über Yoga, nicht jedoch seinen Mutmaßungen über das Heilige. In den von Hans Peter Duerr herausgegebenen Bänden mit Aufsätzen zu Eliade spielt das Heilige nur noch eine marginale, ja ironische Rolle.

Gegen diese Tendenz traten 1984 die deutschen Professoren Kamper und Wulf (beide EU Berlin) mit einem Colloquium an, dessen Referate in einem umfänglichen Band veröffentlicht wurden. Nein, das Heilige sei nicht vergangen, schrieben Kamper und Wulf in einer Einleitung, es sei »als Verschobenes, Verborgenes, Verdrängtes und Vergessenes« vielmehr durchaus aktuell. Offenbar bestehe, so die beiden Autoren, immer noch ein unausrottbares Bedürfnis, welches die Menschen zwinge, auch in den profanen Räumen und in der größten Langeweile nach Hierarchie und Intensität zu suchen.

Mag schon sein. Die Kälte des Satzes, der den beiden Professoren unterlaufen ist, darf man sich jedenfalls wie Eis auf der Zunge zergehen lassen: »In den Gewaltfesten der Kriege und in den großen politischen Bewegungen der Gegenwart lässt sich allenthalten als ungeheure Anstrengung eine Wiederverzauberung der Welt beobachten.«

Das gelehrte Schwätzchen über das Heilige, das sich die von Kamper und Wulf eingeladenen Damen und Herren mit dem Geld der Volkswagenstiftung leisteten, vermied sicherheitshalber jede präzise Erinnerung an die Zeiten des Führerkults. So gesehen haben die beiden Professoren schon wieder Recht, wenn sie das Heilige als Verdrängtes und Vergessenes apostrophieren. Der Nationalsozialismus kommt in ihrer langen Einleitung kein einziges Mal vor.

Schärfer und radikaler als all die Autoren von Otto bis Eliade hat Siegmund Freud sich über das Heilige geäußert. Freud lebte und arbeitete im katholischen und antisemitischen Wien. Den Ursprung von Religion und Moral sah er in einem denkwürdigen Verbrechen, der Ermordung des tyrannischen Vaters einer steinzeitlichen Urhorde durch dessen Söhne, die es nicht länger ertrugen, dass ihr Erzeuger alle Frauen der Horde für sich in Anspruch nahm.[139]

Freud schrieb: »Wir erwarten zuversichtlich, dass die Untersuchung aller anderen Fälle von heiligem Verbot zu demselben Ergebnis führen würde wie im Falle der Inzestscheu, dass das Heilige ursprünglich nichts anderes ist als der fortgesetzte Wille des Urvaters. Damit fiele auch ein Licht auf die bisher unverständliche Ambivalenz der Worte, die den Begriff der Heiligkeit ausdrücken. Es ist die Ambivalenz, die das Verhältnis zum Vater überhaupt beherrscht. ›Sacer‹ bedeutet nicht nur ›heilig‹, ›geweiht‹, sondern auch etwas, was wir nur mit ›verrucht‹, ›verabscheuenswert‹ übersetzen können.«[140]

Freud wagte es erst nach seiner Emigration nach England im Juni 1938, die er wegen der Besetzung Österreichs durch die Nazis im Alter von 82 Jahren hatte auf sich nehmen müssen, den letzten Teil seiner Studie über Moses, »den Rest, der das eigentlich Anstößige und Gefährliche enthielt«, zum Druck freizugeben. In diesem letzten Teil seiner gewissermaßen testamentarischen Auseinandersetzung (aus ihm ist der oben zitierte Text genommen) mit der Entstehung des Eingottglaubens der Juden, der »Menschheitsneurose« Religion und dem Antisemitismus stieß Freud wie der Detektiv im Kriminalroman auf zwei prominente Leichen, die des Moses und die des Christus. In beiden

Fällen sah er sich auf der Spur von Gewalttaten. Die alten Israeliten, so Freuds Hypothese, hatten sich gegen ihren Führer Moses empört, ihn erschlagen und seine religiösen Lehren verworfen. Die ob ihrer Ruchlosigkeit schnell vergessene (»verdrängte«) Untat habe jedoch im Unbewussten des jüdischen Volkes nachgewirkt und nach Jahrhunderten zum Sieg des mosaischen Eingottglaubens geführt, begünstigt von den geschichtlichen Erfahrungen der Juden. Die Hinrichtung des Jesus aus Nazaret, diese »gewaltsame Tötung eines anderen großen Mannes«, sei dann von Paulus als Sühnetod ausgelegt und zum Fundament der neuen christlichen Religion gemacht worden, die als »Sohnesreligion« die jüdische »Vaterreligion« ablöste.

Das »eigentlich Anstößige« dieser Spekulation lag im Vergleich der Entstehung von Judentum und Christentum, dieser ehrwürdigen Religionsbildungen des Eingottglaubens, mit der Entstehung von Neurosen bei Psychopathen. Zwar hatte Freud bereits in seiner Schrift »Die Zukunft einer Illusion« aus dem Jahr 1927, einer Weiterführung der Gedanken von »Totem und Tabu« aus den Jahren 1912 und 1913, die religiösen Lehren insgesamt als Illusionen bewertet. »Einige von ihnen«, so hatte er hinzugefügt, »sind so unwahrscheinlich, so sehr im Widerspruch zu allem, was wir mühselig über die Realität der Welt erfahren haben, dass man sie – mit entsprechender Berücksichtigung der psychologischen Unterschiede – den Wahnideen vergleichen kann«.[141]

Freud war zu gut erzogen, um offen zu sagen, dass er die Menschheit für ziemlich verrückt hielt. In seiner vornehmen Prosa begnügte er sich damit, die Religionsgeschichte des Judentums und des Christentums wie bei den Neurotikern auf traumatische Eindrücke sexueller und aggressiver Natur zurückzuführen, auf jene »ödipale« Situation, die zum Kastrationskomplex und zum Wunsch nach Beseitigung des Vaters führt, in der bürgerlichen Familie um 1900 ebenso wie bei den Wilden im Urwald, nach Auffassung der Psychoanalyse. Während Freud seine Gedanken über Moses und den Monotheismus zu Papier brachte (den ersten Entwurf aus dem Sommer 1934 nannte er versuchsweise »Der Mann Moses, ein historischer Roman«), regierte Stalin in Russland, Mussolini in Italien, Hitler in Deutschland. Freud kommentierte die politischen Vorgänge in diesen drei Ländern mit der Bemerkung, »dass der Fortschritt ein Bündnis mit der Barbarei geschlossen hat«[142]. Seinen Eindruck, »dass sonderbarerweise gerade die Institution der katholischen Kirche der Ausbreitung der kulturellen Gefahr eine kräftige Abwehr entgegensetzt«[143], musste er im Jahr 1938 allerdings korrigieren. Unzeitgemäß waren seine Betrachtungen über die dunklen Zusammenhänge zwischen Religion und Verbrechen nicht. Das düsterste Kapitel im »historischen Roman« des christlichen Judenhasses begann bald nach dem Tod Freuds im Jahr 1939.

Auf die akademisch betriebene Religionssoziologie der Gegenwart haben Freuds Theorien keinen nennenswerten Einfluss gehabt, abgesehen von der einen oder anderen höflichen Erwähnung seiner religionskritischen Schriften in den entsprechenden Lehrbüchern.[144] In den religionssoziologischen Aufsätzen Niklas Luhmanns[145] kommt Freud nicht vor. Was die Ansätze von Leiris, Bataille und Caillois anlangt, die hinter einer »Soziologie des Sakralen« her waren, so wird sich außerhalb Frankreichs kaum ein Religionssoziologe finden, der auch nur ihre Namen kennt.

Damit ist die Religionssoziologie nach dem Zweiten Weltkrieg den wenigen Ansätzen sorgsam aus dem Weg gegangen, die das Forschungsinteresse auf die unbekannte Seite der Religion hätte lenken können.

Heute, mehr als 60 Jahre nach der »Wannseekonferenz« vom 20. Januar 1942, auf der die Maßnahmen zur »Endlösung der Judenfrage« beschlossen wurden, befassen sich die Kollegen immer noch lieber mit der Säkularisierung als mit dem Glauben ans »Tausendjährige Reich«, der Angst vor dem »Weltjudentum«, den mitternächtlichen SS-Fahnenjunkerweihen im Dom zu

Quedlinburg mit Heinrich Himmler als Prediger, der gemeinsamen sprachlichen Wurzel von »Heiligkeit« und »Heil« (Hitler). Die theoretische Krise und Stagnation der gegenwärtigen Religionssoziologie könnte mit diesem blinden Fleck zusammenhängen.

Dabei würde ein Blick auf irgendein Kruzifix genügen, um auch den nettesten Religionssoziologen daran zu erinnern, was für sein Fachgebiet zentral ist – die Auseinandersetzung mit der Gewalt. Es war abermals ein Außenseiter, nämlich der französische Literaturwissenschaftler Rene Girard (geboren 1923), der in drei Büchern zwischen 1972 und 1982 diesen Blick geschult und seine These vorgetragen hat, dass die ursprüngliche religiöse Erfahrung von Schrecken begleitet ist.[146] Die Maxime, von der sich Girard leiten lässt, hat er selbst so formuliert: »Man muss zeigen, wozu der Mensch fähig ist.«[147] Seit mehreren Jahren stehen nicht nur die Theologie, die Literaturwissenschaft und die Ethnologie, sondern ebenso die Soziologie und die Philosophie in einer lebhaften Diskussion mit Girard, allerdings nicht in Mitteleuropa, wie der deutsche Bibelwissenschaftler Norbert Lohfink etwas süffisant bemerkt hat.

»Das Religiöse ist nichts anderes als diese ungeheure Anstrengung, den Frieden aufrechtzuerhalten. Das Sakrale ist die Gewalt, doch wenn das Religiöse die Gewalt verehrt, dann immer nur deshalb, weil es von ihr annimmt, dass sie den Frieden bringe; das Religiöse ist gänzlich auf den Frieden ausgerichtet, aber die Wege zu diesem Frieden sind nicht von gewaltsamen Opferungen frei.«[148]

Girards Arbeit an einer humanwissenschaftlichen Theorie der Religion stützte sich zunächst auf eingehende Analysen der alten griechischen Tragödien, insbesondere der »Bakchen« von Euripides. In diesem Theaterstück fand Girard eine Atmosphäre des Terrors und der Halluzination, die mit der »ursprünglichen« religiösen Erfahrung einhergeht. Gemeint ist eine Situation kollektiver Raserei, in der sich der Mob (die Meute, wie Elias Canetti sagen würde) ein Opfer greift und es lyncht.[149] Die festlichen Menschenopfer, die in so vielen Gesellschaften Brauch waren, sind nach Girard der klassische religiöse Ausweg aus der Anarchie allgemeiner Gewalttätigkeit. Ausgesucht wird (werden) ein (mehrere) Opfer, womöglich solche, die nicht gerächt werden können, zum Beispiel Kriegsgefangene wie bei den Azteken, und feierlich abgeschlachtet zum Zweck der Wiederherstellung bzw. Sicherung des gesellschaftlichen Friedens. So ist das Opfer stets auch ein Sündenbock: »Das gewalttätige Religiöse hätte nicht bis heute die erstaunliche Wirkung auf die Menschen bewahrt, die es fast während ihrer ganzen Geschichte ausgeübt hat, wenn in ihm nichts anderes stecken würde als die Albernheiten, auf die man es von den rationalistischen Philosophen an bis zur Psychoanalyse zurückgeführt hat. Seine Macht kommt daher, dass es dem Menschen wirklich sagt, was man tun muss und was man nicht tun darf, damit in einem bestimmten Kulturkontext die Beziehungen innerhalb der menschlichen Gemeinschaften erträglich bleiben.«[150]

Mit dieser Feststellung wird klar, dass Girard das Zufallswort aus der altrömischen Kultsprache, mit dem der Westen seit 300 Jahren die Umgangsformen mit dem Übernatürlichen bezeichnet, zum Schlüsselbegriff einer Gesellschaftstheorie macht, die im Vorgang der öffentlichen Hinrichtung von menschlichen Sündenböcken zentriert ist, den »stellvertretenden Opfern«, wie Girard sie nennt: »Man kann aufzeigen, dass es in der menschlichen Kultur nichts gibt, was sich nicht auf das stellvertretende Opfer zurückführen ließe.«[151]

Die neuzeitliche Religionskritik aller Aufklärer, die Hand in Hand mit der Zersetzung des Heiligen während der so genannten industriellen Revolution ging, zusammen mit der Abschaffung der öffentlichen Hinrichtungen, ja der Todesstrafe, diese Säkularisierung wertet Girard als grandiose Abwehrbewegung, den schrecklichen Anfängen der menschlichen Kultur ins starre Auge zu blicken: »Nach der uns noch heute beherrschenden Auffassung Voltaires nimmt sich das Religiöse wie ein groß angelegtes Komplott von Pfarrern aus, wie ein parasitäres Anhängsel *natürlicher* Institutionen; aber diese Auffassung steht selber in der Nachfolge des Religiösen, ist die Frucht ein und desselben Willens, den Ursprung nicht ausfindig zu machen.«[152]

In Wirklichkeit, so Girard, hat die europäische Neuzeit das gewalttätige Heilige (Gewalt und Heiliges sind für ihn identisch) zwar entmythologisiert, aber damit die Gewalt keineswegs aus den Industriegesellschaften entfernt, ganz im Gegenteil. Auf den Flügeln der Wissenschaft, in der Gestalt der Atomwaffen ist die absolute Rache am Feind als schrecklichste Drohung in die Weltgeschichte gekommen. Nicht die Kongoneger sind die Wilden, sondern wir.

Auf den so genannten Holocaust (= zur Gänze verbranntes Opfer) kommt Girard nicht ausdrücklich zu sprechen – vielleicht deshalb, weil die insgesamt 800 Seiten seiner Trilogie von nichts anderem handeln. Der Blick auf die Juden, die 1938 in Wien mit der Zahnbürste den Gehsteig putzen mussten, lässt sich mit dem Blick unserer Vorfahren auf die zur Verbrennung bestimmten Ketzer und Hexen durchaus vergleichen. Girard wird nicht müde, die verschiedensten Texte – mythologische, theatralische, biblische, literarische – über ein Grundmuster zu befragen, in dem die Erinnerung an eine gesellschaftliche Ausnahmesituation stereotyp wiederkehrt. Stets handelt es sich um eine schwere Krise (hervorgerufen zum Beispiel durch eine Epidemie), in der sich die Wut der Menschen auf soziale Außenseiter richtet und sie tötet.

Spätestens nach der so genannten Kristallnacht vom 9. auf den 10. November 1938 hätten die Bischöfe Deutschlands darauf aufmerksam machen müssen, dass die Suche nach Sündenböcken für Christenmenschen nicht zulässig sei, weil der Herr Jesus die Sünden der Welt allbereits auf sich genommen habe, als Gott wohlgefälliges Opfer. Aber die Hirten schwiegen, und die Herde blieb verstockt.

Dass es auch anders geht, zeigt der anglikanische Bischof von Johannesburg, Desmond Tutu. Drei Tage nach dem Mord an einer jungen Frau im Juli 1985 wandte sich der Bischof während einer Begräbniszeremonie für 15 Schwarze, die von der Polizei zusammengeschossen worden waren, an 30 000 Menschen im Stadion von Kwa Thema, 55 Kilometer östlich von Johannesburg, und erinnerte sie an das Opfer der Lynchjustiz vor drei Tagen. Er werde das Land verlassen, rief er mit lauter Stimme, wenn diese Art von Gewalttätigkeit Schule machen sollte.

Das Verhalten Tutus entsprach in etwa der Theorie Girards, die in der etablierten Religion jene »ungeheure Anstrengung« am Werk sieht, den Frieden zu erhalten. Das Schweigen der deutschen Bischöfe zu den Exzessen der Kristallnacht ließ von solcher Anstrengung nichts erkennen. Das Heilige, dem sie dienten, war mit den Ausschreitungen gegen die Juden offenbar ganz zufrieden, klammheimlich gewissermaßen. Deshalb muss jeder Versuch, Jahre danach ein Heiliges zu revitalisieren, dessen Verbundenheit mit den faschistischen und antisemitischen Gefühlswelten unseres Jahrhunderts gar nicht so schwer zu erkennen ist, eher peinlich wirken, sogar in der postmodernen Beliebigkeit.

Letztere hat mit dem Heiligen ohnehin nichts mehr am Hut. Sie übt, wenn ihr danach ist, am Montag Tai-Chi, geht am Dienstag zum Kegeln, kocht am Mittwoch vegetarisch, tanzt am Donnerstag mit den Derwischen, hört am Freitag Musik der Stille, besucht am Samstag den Vortrag eines Druiden und singt am Sonntag im Kirchenchor.

Ihr geht es um das, was H. C. Artmann in einem seiner wienerischen Dialektgedichte »wos bsundas« genannt hat. Das Besondere erscheint dem Dichter in der Gestalt von Schnupfenbazillen, die in der linken Hand einen kleinen Lampion, in der rechten eine Mundharmonika und auf dem Kopf ein dunkelgrünes Schnürlsamtkapperl haben. »Und des soitat feleicht nix bsundas sei!?«

Nicht »das Andere« ist gefragt, quasi als Abfall des Heiligen, sondern das Besondere in der Gestalt des nie Dagewesenen – transpersonal, makrobiotisch, paradigmatisch, holistisch.

Das Besondere, ob als getuntes Auto oder als esoterischer Geheimtipp, kommt ohne Heiligkeit aus, und sogar der Heilige Vater mischte sich überall auf der Welt im Papamobil unters Volk. Und so wittert und webt es nur noch in gotischen Kathedralen und romanischen Kirchlein, das Heilige der zwanziger Jahre – wenn nicht gerade fünf Busladungen Touristen gekommen sind.

Ein frischer Blick auf jenes »Milieu außerhalb des Normalen«, wie Leiris es genannt hat, macht jedenfalls neugierig auf ein geheimnisvolles Reich, das zu betreten reizvoll und gefährlich ist. Ob man es Jenseits nennt oder Unbewusstes, Himmel oder Hölle, Götterwelt oder Totenreich, mit Sicherheit gilt die Erfahrung, dass dort die vertrauten Regeln des Benehmens für den Alltag auf den Kopf gestellt sind. So spärlich die Nachrichten sind, die von Visionären, Ekstatikern, Heiligen über jene »radikal verschiedene Welt« (nochmals Leiris) den staunenden Gläubigen überbracht wurden, so groß war der Respekt, mit dem sie aufgenommen wurden. In einzelnen Fällen (Buddha, Jesus, Mohammed) begründeten die Botschaften visionär bzw. kontemplativ hoch begabter Menschen ganze Weltreligionen.

In den Industriegesellschaften sind die christlichen Himmel und Höllen längst entvölkert bzw. in die Kompetenz der Irrenärzte überschrieben. Wenn trotzdem von einer »höheren Macht« gesprochen wird, dann lässt sich das entweder als Überbleibsel und Restbestand früherer Erlebnisse interpretieren, oder aber – und das wäre meine Einschätzung – als Geneigtheit der Menschen, ihre Lebenserfahrung zumindest rudimentär auf jene andere Welt zu beziehen, in der die schrecklichsten und die zärtlichsten Energien beheimatet sind.

9. Wassermannzeit

Sinnsuche, Innerlichkeit und New Age

»Der nördliche beziehungsweise östliche Fisch, der vom Frühlingspunkt etwa um die Wende unserer Zeitrechnung erreicht wurde, ist mit dem südlichen beziehungsweise westlichen Fisch durch die sogenannte Kommissur verbunden. Sie besteht aus einem Band schwacher Sterne, in welchem der Frühlingspunkt am südlichen Rande des zweiten Drittels der Konstellation lag. Der Schnittpunkt der Ekliptik mit dem Meridian des zweiten Fisches (respektive dessen Schwanzes) fällt ungefähr auf das 16. Jahrhundert, welches für unsere abendländische Symbolgeschichte, wie bekannt, so außerordentlich wichtig ist. Seither bewegt sich der Frühlingspunkt am südlichen Rande der Konstellation des zweiten Fisches entlang, um dann im Laufe des 3. Jahrtausends allmählich in den Aquarius einzutreten.«

Carl Gustav Jung, Aion. Beiträge zur Symbolik des Selbst, Olten und Freiburg 1983, 102 f.

Der Schweizer Nervenarzt und Tiefenpsychologe Carl Gustav Jung, der in seinen Schriften den Anbruch eines neuen Zeitalters verkündete, wollte sich auf einen genauen Termin des Beginns der aquarischen Epoche noch nicht festlegen. Nach den Berechnungen von Arnold Graf Keyserling steht mittlerweile jedoch fest, dass die Wassermannzeit im Jahr 1962 begonnen hat und bis zum Jahr 4120 währen wird. Die Umwälzungen, die sie bringen wird, werden laut Keyserling gewaltiger sein als alle Revolutionen der bekannten Geschichte.

Das ist auch die Auffassung des Physikers Fritjof Capra, dessen Buch *Wendezeit* ein Bestseller wurde.[153] Ein weiterer Experte für Zeitalterkunde, Ken Wilber, sieht die Menschheit sogar an der Schwelle einer Weisheitskultur, die das Ich in überpersönliche Bereiche katapultieren wird.[154]

Dass irgendetwas im Kommen war, konnte man bereits 1968 ahnen, dem Jahr des Höhepunkts der studentischen Unruhen. Damals wurde in den USA die Doktorarbeit eines gewissen Carlos Castaneda zum Millionenseller. Die Dissertation beschrieb die Begegnung des Autors mit einem alten Indianer, der ihn in den Gebrauch bestimmter Drogen einführte und ihm dadurch das Tor zu ungewöhnlichen Erlebniswelten aufstieß.[155]

Das junge Publikum, das sich für Castaneda begeisterte, rauchte Marihuana, las die Bücher von Alan Watts über Zen-Buddhismus, lauschte der Musik von John Cage, demonstrierte gegen den Krieg in Vietnam und hielt das politische System der Vereinigten Staaten für ziemlich schwachsinnig. Im Jahr 1974, als *Zen und die Kunst ein Motorrad zu warten* von Robert M. Pirsig erschien und Präsident Nixon zurücktreten musste, kam auch den Dümmsten der Gedanke, dass es höchste Zeit für ein neues Zeitalter sei.

Die Pfarrer waren damals nicht zu beneiden. Wenn sie vom New Age nicht ganz an den Rand gedrängt werden wollten, mussten sie wohl oder übel ein paar Yogakurse besuchen, das tibetanische Totenbuch lesen und über Vollwertkost Bescheid wissen. Meditation, Esoterik und Biodynamik waren im neuen Zeitalter unentbehrlich. Nützlich waren Zitate aus den Schriften von C. G. Jung und Hermann Hesse. Weil die Pfarrer außerdem auch noch Konfirmandenunterricht erteilen und eine Sonntagspredigt vorbereiten mussten, war das neue Zeitalter für sie eher anstrengend.

Der Herbst 1985 brachte dem neuen Zeitalter einen Rückschlag. Mitte September verschwand eine gewisse Ma Anand Sheela, die Generalbevollmächtigte des indischen Lehrers Bhagwan Shree Rajneesh, gemeinsam mit einem Dutzend Führungskräften aus dem Hauptquartier der Bhagwaniten im US-Bundesstaat Oregon und leitete damit den Niedergang einer Religionsgemeinschaft ein, die eine halbe Million Anhänger gezählt hatte. Bhagwan musste für ein Weilchen sogar ins Gefängnis, kehrte nach Indien zurück und starb im Januar 1990, betrauert von einer zahlreichen Anhängerschaft in aller Welt.

Bhagwans Lehre, die einen Hauch von Dada in die ernsthafte Welt der Religion gebracht hatte, vermittelte das Feeling des New Age ganz hervorragend. Lebe im Hier und im Jetzt, lernten die Jüngerinnen und Jünger des Erleuchteten, streife dein Ich, dein Gewissen, deinen Verstand ab wie deine Schuhe vor dem Betreten der Meditationshalle.

Als es damit vorbei war, hatte auch der Enthusiasmus für das neue Zeitalter einen Knacks bekommen. Vielleicht war es ein wenig vorlaut gewesen, die Ankunft des Wassermanns in die Welt hinauszutrompeten. Vielleicht war das alte Zeitalter noch nicht endgültig vorüber. Das Zeitalter der Fische, die letzten 2000 Jahre, war bekanntlich vom Christentum bestimmt. Die Pfarrer atmeten ein wenig auf.

Aber so leicht unterzukriegen ist das Wassermanngefühl auch wiederum nicht. Die Industriebevölkerungen, in denen es gedeiht, ängstigen sich immer noch vor der Zerstörung der Erde durch die Errungenschaften der Technik, inklusive Atomwaffen. Immer noch wird die Fernsehkultur für viele zu einer Falle der Langeweile, aus der sie in neue Welten der Selbsterfahrung flüchten. Der spirituelle Markt, auf dem das Wassermannvolk einkauft, ist noch lange nicht gesättigt. Gefragt sind Schamanen mit einem Psychologiedoktorat und möglichst schnelle und billige Erleuchtungen.

Ein Stündchen heftiges Atmen zum Beispiel, Hyperventilation sagt man dazu, und schon gibt es transpersonale Erlebnisse, gibt es den Einstieg in frühere Inkarnationen. Das verspricht etwa der bereits erwähnte Universitätslehrer und Nervenarzt Stanislav Grof, einer der Trendsetter des New Age.

Angesichts der Vielfalt der Seelenarzneien, Geheimlehren und Übungen der Wassermannzeit wirkt die Kritik an ihr, ob von links kommend oder von rechts, aus aufgeklärtem Denken oder getragen vom christlichen Ernst, irgendwie schwerfällig, vollbärtig, altmodisch, kopflastig. Die Wassermänner und -frauen möchten ihr Bewusstsein erweitern, auch ihr körperliches, während die belehrenden Stimmen unverdrossen ein Wissen verbreiten, das nur aus Büchern schöpft. Wer gegen ozeanische Gefühle und ähnliche Entgrenzungsempfindungen Vorbehalte hat, wird in der Wassermannzeit wahrscheinlich auf dem Trockenen sitzen.

Eine bescheidene Selbstentgrenzung erlebte ich vor mehreren Jahren in der romanischen Kirche des Städtchens Innichen (Osttirol). Nach dem Skilaufen hatte ich am späten Nachmittag mit meiner Gesellschaft einen Bummel gemacht und war dabei in dem mächtigen Gotteshaus des Ortes gelandet. Da saß ich nun und blickte nach vorn, wo ein rotes Lichtlein die göttliche Gegenwart verkündete. Ich dachte an die Menschen, die mir am nächsten stehen, und dabei hatte ich allmählich das Gefühl, ich würde nach vorn und gleichzeitig leicht aufwärts gezogen. Meine Lieben waren jetzt in der gesamten Menschheitsfamilie aufgegangen, und die Zuversicht stellte sich ein, dass wir alle miteinander in guter Hut seien. So war das damals in Innichen.

Die Kirche von Innichen gehört ins Zeitalter der Fische. Ob man das astrologisch meint oder geschichtslogisch, ist eher belanglos. Man denkt dabei an die letzten 2000 Jahre, an das römische Imperium, an die deutschen Kaiser, an Christoph Kolumbus, an die Französische Revolution, an Hitler, mit dem Gefühl, etwas ginge zu Ende. In der Kirche von Innichen hängt auch ein gotischer Christus, ein Gekreuzigter. Der war, überall in Europa, lange Zeit hindurch die wichtigste Ikone, wie die Buddhafigur in Asien. Im Zeitalter der Fische hatten die Herrgottschnitzer genug Arbeit. Die zahllosen Kruzifixe erinnerten die Menschen an den Ernst der Religion. Im Fischezeitalter verstanden die Obrigkeiten in Glaubensangelegenheiten keinen Spaß.

Unter Kaiser Augustus ebenso wie unter Karl dem Großen,

Elisabeth I. und Philipp II. unterschieden die Behörden zwischen erlaubter und unerlaubter Religion. Die unerlaubte Religion wurde Aberglaube oder Ketzerei genannt, ihre Ausübung unter Strafe gestellt. Besonders beliebt war die Verbrennung von Ketzern und Hexen bei lebendigem Leib. Bevor der Scheiterhaufen angezündet wurde, hielten die Pfarrer den Verurteilten ein Kruzifix vor die Nase, um ihnen noch im letzten Moment die Gelegenheit zur Reue zu geben. Wenn ein Delinquent Reue zeigte, freuten sich die Pfarrer. Der Scheiterhaufen wurde trotzdem angezündet.

Die sprachliche Herkunft des Wortes »Aberglaube« ist unklar. Es genügt jedoch vollkommen, das »Aber« darin zu beachten, um den verächtlichen Beigeschmack, der dem Aberglauben anhaftet, vergessen zu können.

Der verächtliche Beigeschmack ist das Ergebnis der behördlichen Religionspolitik, die alle ihr unerwünschten Frömmigkeitsformen mit Fleiß denunzierte, von dem Glauben an die Sterne bis zu den Regeln des Umgangs mit den Toten. Es ist denkbar, dass »Aberglaube« im Volksmund ursprünglich einen Widerstand gegen den obrigkeitlich verordneten Glauben ausdrückte, ein »Aber« gegen das Taufwasser, mit dem alle alten Götter weggespült werden sollten.

Als das Fischezeitalter noch neu war, frisch und brutal, da stürmten eifrige Bischöfe an der Spitze ihres gläubigen Mobs in die Tempel des Heidentums. Deren Schatzkammern wurden geplündert, die heiligen Statuen zerschlagen, die Priester verprügelt. Zuletzt legten die Christen Feuer ins Dachgebälk der verhassten Andachtsstätten ihrer Väter. Christliche Missionare wanderten bis in die entferntesten Gegenden des römischen Imperiums und machten den Stammesfürsten klar, was jetzt modern war, nämlich die Taufe der Bevölkerung. Letztere murrte gelegentlich über die Schnödigkeit des oktroyierten Glaubenswechsels, woraufhin der Missionar zur Axt griff und den nächsten heiligen Baum fällte.

Die Jahrtausende alten Andachten, Sitten und Vorstellungswelten der mediterranen, germanischen und slawischen Völker ließen sich jedoch nicht so schnell beseitigen wie Tempel und Haine. Unter der Oberfläche des christlichen Bekenntnisses blieb das Unvordenkliche recht lebendig, unverwüstlich noch in entstelltester Gestalt. Gewusst wurde weiterhin, welche Geste gegen den bösen Blick half, in welcher Nacht die jungen Mädchen nackt um den Acker laufen mussten. Wahrsagekunst und Schadenzauber, Kräuterkunde und Warzenbesprechung blieben in Übung, offen oder heimlich, entsprechend dem Grad der Wachsamkeit seitens der Glaubenswächter.

Schärfer noch als das abergläubige Festhalten an bewährten Orientierungen waren die Vorbehalte der Gebildeten gegen den offiziellen Katechismus. An der Universität von Paris wurde bereits im 13. Jahrhundert gelehrt, dass die Theologie auf Fabeln beruhe, dass die Auferstehung des Fleisches der Vernunft widerspreche, dass die christliche Religion ein Hindernis für die Wissenschaft sei. Ärzte, Juristen, Bankiers, adelige Damen, Handwerksmeister, Literaten und Komponisten machten sich ihre eigenen Gedanken über Gott und die Welt, kritisierten Kaiser und Papst, sagten ein vielstimmiges Aber zum amtlichen Glauben.

Manchmal wurde der verordnete Glaube ganzen Bevölkerungen zu dumm, im katharischen Südfrankreich etwa oder im hussitischen Böhmen, was prompt zu militärischen Strafzügen führte. Als dann im letzten Viertel des Fischezeitalters halb Europa dem Papst Adieu sagte, verwandelte sich die erlaubte Religion eines Landes in die unerlaubte eines anderen, sobald man die Grenze überschritt.

Die Absurdität dieser Situation wurde von den helleren Köpfen erkannt, und das Aber gegen den Glauben erklang immer kecker. Die Behörden sahen sich schließlich veranlasst, die allgemeine Schulpflicht einzuführen, und bald lernte jedes Kind, dass die Welt nicht in sechs Tagen erschaffen worden war.

Für die Juden war das Fischezeitalter eine böse und lange

Ewigkeit, deren Finale in die Gaskammern und die Verbrennungsöfen der Nazis führte. Mit der Proklamation des Judenstaates im Jahr 1948 fingen die Juden genau dort wiederum an, wo sie am Beginn des Fischezeitalters hatten aufhören müssen, mit einem Leben im eigenen Land. An einer Verlängerung des Fischezeitalters können die Juden nicht das geringste Interesse haben.

Tatsächlich war der Widerstand der Juden gegen den herrschenden Glauben des Fischezeitalters am beharrlichsten, wahrscheinlich schon deshalb, weil Jesus, den die Christen zum Gott gemacht hatten, Jude gewesen war. Dass sich ein paar meschuggene Juden wie Paulus dazu hinreißen ließen, einen jüdischen Volksprediger nach seinem gewaltsamen Tod an die Seite und damit an die Stelle Gottes zu setzen, musste dem jüdischen Denken und Trachten ein Rätsel bleiben, und der Erfolg, den das Christentum hatte, erst recht. Die jüdische Respektlosigkeit gegenüber dem morbiden Pomp einer Klagereligion, die dem Gekreuzigten in die brechenden Augen starrte, sprang nach ein paar Jahrhunderten auf die Christen über.

Als die neue Ketzerei bereits ins Volk gedrungen war, hatte der kalabresische Abt Joachim von Fiore an einem Pfingstsonntag die Erleuchtung seines Lebens. Er erkannte, dass die Geschichte der Menschheit sieben Zeitalter durcheilen muss, deren letztes in Bälde beginnen sollte. Joachim nannte es Drittes Reich, weil es die Herrschaften Gottvaters und seines Sohnes ablösen sollte. Joachim war ein Experte für Zeitalterforschung. Er starb im Jahr 1202, und bald danach verurteilte ein Konzil seine Lehren. Das Dritte Reich Joachims kam ohne Taufe und Abendmahl aus, die Priesterschaft wurde entbehrlich, ebenso der Krieg und das herkömmliche Familienleben. Joachim sah die Menschheit an der Schwelle einer friedlichen und freundlichen Zeit, unter dem Protektorat des Heiligen Geistes, der dritten göttlichen Person, des zugesagten Trösters des Johannesevangeliums. Joachim war der erste Zeitalterkundige, der für die neue Epoche einen festen Termin ausrechnete, nämlich das Jahr 1260. Leider verstrich das Jahr 1260 ohne nennenswerte Vorkommnisse. Vielleicht hatte sich Joachim verrechnet, und das Jahr 1789 wäre der richtige Zeitpunkt gewesen, das Jahr der Revolution im Zeichen von Gleichheit, Freiheit, Brüderlichkeit. Aber die Soldaten Napoleons, die in Russland am Erfrieren waren, dachten mit Sicherheit nicht an ein neues Zeitalter. Auch die Soldaten Hitlers hatten andere Dinge im Kopf als das Dritte Reich, von dem die Nazis gerne redeten. Im Jahr 1945 explodierten dann die ersten Atombomben, und damit begann tatsächlich ein neuer Abschnitt in der Geschichte der Menschheit. Die Zeit der Fische war abgelaufen.

In der Wassermannszene kommen deshalb die alten Strömungen gegen die Herrschaft der Fische recht munter an die Oberfläche, kunterbunt durcheinander: das Aber der Juden gegen den gekreuzigten Gott, das Aber der Gnostiker gegen die Schöpfung, das Aber der Bauern gegen die Abschaffung der Bräuche, das Aber der Mystiker gegen das Dogma. Was lange verpönt war, kommt wieder in Mode, von der Alchemie bis zur Magie, von der Astrologie bis zur Kabbala.

Gesucht werden keltische Kultplätze und die Tanzböden der Hexen, betrieben wird Geomantie und Kräuterheilkunde, erzählt werden Mythen, praktiziert wird Wahrsagekunst, geglaubt wird an Seelenwanderung und Wiedergeburt. »Die sanfte Verschwörung« im Zeitalter des Wassermanns (so der Titel eines einschlägigen Buches von Marilyn Ferguson)[156] ist im vollen Gange. Gegen die Atomwaffen hat sie bislang noch kein Zaubermittel gefunden.

Am deutlichsten verkörpert sich die Bewusstseinsveränderung der letzten 40 Jahre in der Meditationsbewegung. In allen größeren Städten des Westens findet das Wassermannvolk ein reiches Angebot an Versenkungsübungen. Sie kommen zumeist aus Asien. Ihre gemeinsamen Merkmale hat Max Weber recht artig beschrieben: Erstens sind sie asozial im Sinn von ungesellig, weil der Meditierende die Beziehungen zu anderen Menschen unterbricht. Zweitens sind sie apolitisch, weil ihr Ziel im Nichthandeln liegt. Drittens machen sie apathisch, weil es in ihnen darum geht, von der Welt der Sinne und Leidenschaften loszukommen. Was für indische Yogis und buddhistische Mönche gilt, muss allerdings nicht für heutige Sympathisanten der sanften Verschwörung des Wassermanns zutreffen. Gelegentlich bereiten sie sich durch eine kleine Meditationsübung auf den nächsten Protestmarsch vor.

Die größte internationale Bewegung auf dem Gebiet des Stillwerdens heißt »Transzendentale Meditation«, abgekürzt TM, und verfügt über hunderte Filialen in den USA und Europa. Ein Einführungskurs ist bereits um 150 Dollar zu haben. Jeder TM-Adept bekommt ein so genanntes Mantra zum persönlichen Gebrauch gesagt, das ist eine Lautkombination, die meist mit einem Nasal endigt, zum Beispiel »krim«. Durch oftmalige Wiederholung des Mantras in stillen Stunden gelangt man in einen Zustand tiefer Ruhe, sagen die TM-Lehrer. Sie haben herausgefunden, dass der Sauerstoffverbrauch während der TM um 16 Prozent geringer ist als im gewöhnlichen Wachbewusstsein.

Die Mantren sind gleichsam das Grundkapital des Gründers und Meisters der TM, Maharischi Mahesch Yogi, dessen genaues Alter geheim gehalten wird. Er stammt aus Zentralindien und lebte von 1940 bis 1953 mit seinem Lehrer Guru Dev, von dem er seinen speziellen Weg zum inneren Frieden lernte.

Das Rohmaterial der TM kann sich jedermann im nächsten Universitätsinstitut für Indologie beschaffen. Dort findet der Wissbegierige lange Listen von Mantren. Sie stammen aus einer indischen Heilsbewegung des sechsten nachchristlichen Jahrhunderts, dem so genannten Tantrismus, in welchem das Murmeln bestimmter Silben während der Meditation eine wichtige Rolle spielt. Eine der gängigsten Formeln ist die Verbindung der Silbe »om« mit dem Dativ eines Götternamens. Wegen der großen Zahl der vorhandenen Götternamen lassen sich die Mantren beliebig variieren, und im Lauf der Zeit entstand ein Schatz wirksamer Mantren, der zunächst mündlich, später auch schriftlich weitergegeben wurde. Umgangssprachlich sind die Mantren längst bedeutungslos geworden, sie passen in kein indisches Idiom. Aus ihnen wählt und mischt der Experte jene Lautkombinate, die seiner Erfahrung nach das Hinübergleiten in den Zustand der ruhevollen Entspannung erleichtern.

Die TM-Bewegung ist also eine modernisierte und vereinfachte Form des Mantra-Yoga. Dass die Mantren gut funktionieren, wird auch von kritischen Fachleuten nicht bestritten. Etliche hunderttausend Menschen begeben sich derzeit zweimal täglich für 20 Minuten in den sauerstoffarmen Zustand als Anhänger der TM-Methode. Wenn alle Welt dies täte, meint Meister Maharischi, brauchten wir keine Angst vor dem Atomkrieg mehr zu haben. Außerdem würde die Menschheit bei konsequenter Anwendung von TM weniger Sauerstoff verbrauchen, was sicherlich gut für die Luft wäre.

Der schlichteste Einstieg in ruhevolle Entspannungszustände wurde von dem deutschen Nervenarzt Johannes Heinrich Schultz (gestorben 1970) ersonnen. Das »autogene Training«, das er entwickelte, entstand aus den Erkenntnissen der Hypnoseforschung. Viele Patienten von Schultz berichteten übereinstimmend, dass ihre erste Beobachtung an sich selbst während des Beginns der Hypnose ein Gefühl der Schwere und danach der Wärme in ihrem Schreibarm gewesen sei. Der entscheidende Einfall von Schultz bestand in dem Versuch, seine Patienten dazu zu bringen, sich selbst zum Schwere- und Wärmegefühl in ihren Extremitäten zu überreden. Im Jahr 1926 sprach Schultz erstmals öffentlich über seine neue Methode, vor der deutschen »Medizinischen Gesellschaft«. Er kritisierte die »Verhirnung« des westlichen Menschen und empfahl seine Übungen als einen Weg zur Wiederentdeckung des Körpers und der in ihm schlummernden Kräfte.

Heute kann jedermann mit der Hilfe einer CD autogen trainieren. In entspannter Haltung, im Sitzen oder Liegen, suggeriert er sich, dass sein Arm schwer wie Blei werde, dass er (oder sie) ganz ruhig sei. In späteren Übungen fügt er die Wärmeformel hinzu, bezieht dann den anderen Arm in die Entspannung ein und gelangt schließlich zum Herzen, indem er sich sagt, das Herz schlägt ruhig und kräftig. Nach zwanzig halbstündigen Übungen sind die Anfangsschwierigkeiten meist überwunden, das Gefühl wohliger Schlaffheit breitet sich von Armen und Beinen über Bauchregion und Brust bis zum Kopf aus, der Mensch entspannt sich in zehn Minuten vollkommen.

Unter Umständen bessern sich seine Herzbeschwerden, oder er ist ein Spitzensportler und braucht die Entkrampfung, oder er hat eine Neurose, oder er ist ein überarbeiteter Manager mit Herzbeschwerden und einer Neurose, der Sport betreibt, oder sie wurde von ihrem Mann verlassen, oder sie ist eine Primaballerina und zu nervös, hat einen Drogenentzug hinter sich, sucht den Sinn des Lebens, will sich selbst finden, langweilt sich an den Wochenenden. Ohne Grund nimmt niemand ein autogenes Training auf sich. Wenn die Arbeitslosenraten weiterhin steigen, wird wahrscheinlich auch die Zahl der Kurse für autogenes Training zunehmen, damit die Freigesetzten beiderlei Geschlechts sich wenigstens ruhevoll entspannen lernen.

Autogenes Training und Transzendentale Meditation werden seit einiger Zeit von der einschlägigen Forschung dem weiten Feld der »veränderten Wachbewusstseinszustände« (altered states of consciousness) zugezählt, für die sich in der ersten Hälfte unseres Jahrhunderts fast nur die Psychiater interessierten. Ausgehend vom Seelenleben eines Bankbeamten als der Norm für zivilisiertes Verhalten stuften sie alles, was davon abwich, als mehr oder weniger verrückt ein, die Verzückungen der Mystiker inbegriffen.

Aber die Wassermannzeit ging auch an den Bankbeamten nicht ganz spurlos vorbei. Die Labordroge LSD wurde in den sechziger Jahren von vielen netten jungen Leuten ausprobiert, und was sie dabei erlebten, war weitaus interessanter – und gefährlicher – als das herkömmliche Räuschlein. Die Behörden reagierten darauf ähnlich nervös wie auf Kaffee und Tabak im 17. Jahrhundert: mit strafrechtlichen Drogengesetzen. Dass man auch ohne pharmakologische Mittel das Bewusstsein verändern kann, war der Polizei gleichgültig. Die meisten jungen Leute vergaßen daher das LSD und befreundeten sich mit Derwischekstasen und Schamanentrancen.

Inzwischen weiß man, dass alle veränderten Bewusstseinszustände, so verschieden im Übrigen die Weisen des Zugangs zu ihnen sein mögen, ähnliche Erlebnisqualitäten vermitteln. Die Gefühle werden intensiver, Zeit und Raum werden anders wahrgenommen als vom Alltagsbewusstsein, neue Körperempfindungen wie zum Beispiel Flugerlebnisse treten auf, das Auge sieht Gestalten einer anderen Wirklichkeit, das Ich neigt zur Verschmelzung mit dem Nicht-Ich.

Kulturenvergleichende Studien haben gezeigt, dass in nahezu allen bekannten Gesellschaften der Menschheit ein Tor zur höheren Welt der veränderten Bewusstseinszustände offen gehalten wurde, mit und ohne Unterstützung durch halluzinogene Substanzen. Letztere sind in über hundert Pflanzenarten enthalten, und ihre Verwendung ist wahrscheinlich so alt wie die von Pfeil und Bogen.

Als Prototyp aller Versenkung/Verzückung erscheint in der Kulturgeschichte eine Gestalt, die den ältesten Beruf verkörpert, kundig im Umgang mit den Kräften der Natur, den Krankheiten, den Verstorbenen. Sie lässt sich als Zauberin, Hexe und weise Frau ebenso antreffen wie als Medizinmann oder Schamane, und zwar bereits in jener Lebensform, die den Menschen eine Million Jahre hindurch genügt hat, der des Sammelns und Jagens. Viele Anzeichen sprechen dafür, dass unsere Vorfahren bereits in der Eiszeit ihre heiligen Männer und Frauen hatten, die im Trancezustand mit den Geistern der Toten redeten, in die Wipfel der Bäume flogen, auf dem Regenbogen ritten oder sich in eine Krähe verwandelten.

Sehr alt jedenfalls ist das Wissen, dass bestimmte Körperpositionen den Eintritt in außergewöhnliche Bewusstseinszustände begünstigen. In Indien zum Beispiel hat man Statuetten von Männchen in der Yoga-Haltung ausgegraben, die vor 5000 Jahren geformt wurden. Wenn man bedenkt, dass der Yoga-Sitz auch unter afrikanischen Wahrsagern beliebt ist, kann man sich eine ungefähre Vorstellung von seinem ursprünglichen Zweck machen. Heute fährt man im eigenen Wagen zum Yogakurs.

Das erstaunliche Interesse an bewusstseinsverändernden Übungen in den Industriegesellschaften der Gegenwart ist keine flüchtige Mode. Seit einem Vierteljahrhundert, ausgehend von den USA, formiert sich in der Meditationsbewegung eine Gegenkultur, eine Alternative zur Arbeitsethik der letzten zweihundert Jahre. Seelische Territorien, die längst verlassen schienen, werden von neuem betreten und erforscht, ohne Armbanduhr und Terminkalender, von Hausfrauen und Programmierern, Buchhändlern und Chefsekretärinnen. Die erste Wirklichkeit, diejenige ihres industriellen Alltags, genügt diesen Zeitgenossen offenbar nicht; sie suchen eine zweite, buntere Welt.[157]

Wer vom vielfältigen Angebot der Meditationstrainer verwirrt ist, kann sich den Zugang zur zweiten Wirklichkeit auf eine sehr billige Weise verschaffen. Eine Woche in einem möglichst stillen Feriendorf in den Bergen, bei Nulldiät, mit wenig Schlaf und ausgedehnten Spaziergängen ist der einfachste Trip in das Land der redenden Tiere, der silbernen Blumen, der vibrierenden Steine. Sollte ein Geist erscheinen, in welcher Gestalt immer, wird man vorsichtig bleiben. Geister sind selten klüger als der Briefträger.

Die Nora von Henrik Ibsen, gedichtet vor fast 130 Jahren, sagt am Ende des Stückes, ehe der Vorhang fällt: »Ich suche das Wunderbare!« Nora sucht immer noch. Zur Zeit ihrer Geburt, beim Lärm der Dampfhämmer, klang ihr Wunsch noch recht schüchtern. Wie sollte er sich auch gegen alle die männlichen Errungenschaften durchsetzen, die auf Schienen dahinfuhren, Straßen beleuchteten, Epidemien besiegten, Feinde töteten, Wohnungen heizten.

Als das Zeichen des Wassermanns am Ideenhimmel erschien, nach zwei schlimmen Weltkriegen, hatte Nora endgültig die Nase voll, als Hausfrau und Kanonenfutterproduzentin. Ihre Stimme gewann an Entschiedenheit. Die Frauen begannen munter zu werden, zuerst in den USA, später auch anderswo. Ohne sie gäbe es keine »sanfte Verschwörung« und kein Wassermannvolk. Die »Transformation«, von der sie sprechen, ist keine harte Parole; in ihr meldet sich die Sehnsucht alter Wundergeschichten nach einer glückhaften Verwandlung der Wirklichkeit.

Die Wunderseligkeit der Wassermannzeit nährt sich von Lesestoffen, in denen Vokabeln wie »ungewöhnlich«, »schwer fassbar«, »eigenartig«, »seltsam«, »geheimnisvoll«, »rätselhaft«, »unerklärlich« wie blau gefärbte Lichtreklamen aufleuchten. Mehr und mehr Buchhandlungen richten Abteilungen für »Esoterik« ein, mit Hunderten von Büchern über Mystisches und Mythisches, Magisches und Metphysisches, Merkwürdiges und Märchenhaftes. Wie schön dann, an einem regnerischen Sonntagnachmittag im Spätherbst einem uralten Tibetaner zu begegnen, bei einer Tasse sorgsam gebrauten Tees und glimmenden Räucherstäbchen, während man langsam Seite um Seite eines Bändchens über bislang geheim gehaltene Überlieferungen aus Lhasa und Umgebung liest. Ein Meister, sagt der Meister mit unergründlichem Lächeln, kann lediglich das Tor aufstoßen; was dahinter liegt, muss der Schüler schon selbst sehen.

So spricht der erste Archetyp aus Wassermanns Wunderwelt, der Alte Weise ist es, wie Carl Gustav Jung ihn geschildert hat, und er macht ein Bürofräulein zur Pilgerin ins Übersinnliche, zur Erleuchteten vielleicht, wenn sie geduldig weiterliest. Er erscheint ihr als Kabbalist, Hopipriester, Rosenkreuzer. Raunt alte Weisheitslehren kunterbunt durcheinander, malt Drudenfüße auf den Boden. Womit er lockt, das ist allemal die Verwandlung der stumpfen und dumpfen Alltagsperson in eine Hüterin höheren

Wissens. Das Wunderbare solcher Metamorphose wird von vielen spirituellen Autoritäten hervorgehoben, christlichen und buddhistischen, sie lehren das Warten auf jenen Augenblick, in dem alles anders wird.

Der zweite Archetyp kommt aus dem All, ist ein Sternenwesen und Weltraumgeschöpf, geschlechtslos und hyperintelligent. Die Spuren, die er während seiner Besuche auf Erden hinterlassen hat, sind in den Büchern Erich von Dänikens ausführlich beschrieben. Andere Literaturen handeln von den fliegenden Untertassen, komplett mit dokumentarischen Fotos in Schwarzweiß und Farbe, unter Berufung auf höchste militärische Stellen und die seltsamen Begebenheiten im so genannten Bermuda-Dreieck. Dass draußen im Weltall vernunftbegabte Verwandte existieren könnten, haben Astrophysiker wie Carl Sagan nicht ausschließen mögen, und damit auch nicht die Begegnungen »wunderbarer Art«, die im Kino zum Massenerfolg wurden.

Der dritte Archetyp der imaginären Lesewelt ist nur noch körperlose Stimme aus einem Medium während der spiritistischen Sitzung, flutende Aura um nächtliche Erscheinungen, fortwirkender Fluch ums Grab des Pharaonen. Die Kräfte aus dem Lande der Toten erinnern von fern ans Menschliche, dem sie verbunden bleiben, sind aber so wesenlos wie die Berührung im dunklen Gang, den der Gast im Schloss ganz allein betrat. Im Wirkungsbereich der Jenseitigen ist das Wunderbare ein wenig unheimlich geworden und gewinnt eben daraus seinen aparten Reiz.

Alle Archetypen sind Oldies. Sie traten in den Gralsromanen des Mittelalters auf und in den Erzählungen von E. T. A. Hoffmann. Der phantastische Raum, den sie bevölkern, ist so alt wie die erzählende Literatur, und die gab es bereits zur Zeit Christi. Der Dauererfolg der Gestalten aus dem kollektiven Unbewussten kommt aus ihrem Geschick, den gewöhnlichen Lauf der Dinge vorübergehend zu durchkreuzen. Ob es ein Engel ist, der ins Kämmerlein der Jungfrau Maria tritt, oder ein Außerirdischer, der im Garten hinterm Reihenhaus landet, immer unterbricht der überraschende Besuch die Routine des Alltags. Als Zwerg oder Klopfgeist, Gespenst oder Schwarzmagier düpiert der Vertreter der zweiten Wirklichkeit den gesunden Menschenverstand, Glück bringend, bedrohlich, mitunter auch schelmisch, und genau darin liegt die Pointe aller Nachrichten aus der Wunderwelt.

Letztere ist häufig wissenschaftlich gestylt. Der Schamane mit Psychologiedoktorat gibt den Ton an, auch der Physikprofessor mit einer Schwäche für das Tao. Allemal muss, bei der Beschäftigung mit dem Außerirdischen oder Unterirdischen, ein wissenschaftlicher Kommentar mitgeliefert werden, aus der Astronomie oder Tiefenpsychologie.

Das geht deshalb ganz gut, weil manche Gemächer des heutigen wissenschaftlichen Gebäudes recht spärlich beleuchtet sind. Ein ziemlich dunkles Kapitel zum Beispiel ist die Wahrscheinlichkeitstheorie, deren Axiome für viele Disziplinen unentbehrlich geworden sind, von der Biochemie bis zur Ökonometrik. Sie beruhen auf einem Grundvorgang, von dem sich jedermann auf einfache Weise selbst überzeugen kann. Man werfe ein paar tausend mal eine Münze und notiere die Anzahl der Kopf- und Zahlwürfe. Das Ergebnis wird nahezu ausgeglichen sein. Warum das so ist, weiß derzeit kein Mensch exakt zu sagen. Die »Wurzeln des Zufalls«, wie es Arthur Koestler formuliert hat, sind unerforscht.

Für derlei Rätselfragen haben die Transporteure der Wörter, die mit Trans, Meta, Extra, Para, Ultra, Praeter, Supra anfangen, ein feines Organ. Sie benützen die leiseste Verlegenheit der offiziellen Wissensverwalter, um dem Wunderbaren auf die Sprünge zu helfen, sei es in der Gestalt philippinischer Geistheiler oder unter Berufung auf die schwarzen Löcher im All.

Der wissenschaftliche Jargon, in dem auch die absonderlichsten Geschichten wie eine Reportage aus dem Jenseits erzählt werden, im kühlen Ton des unbeteiligten Beobachters, ist nicht nur Frisur und Kostüm des Irrationalen. Die Pflicht zur Genauigkeit bestimmt den etablierten Gelehrten und den Liebhaber des Okkulten; sie begründet zwischen beiden eine diskrete Verwandtschaft, die sich in der Sprache niederschlägt, deren sich das New Age befleißigt. Das Irrationale kommt ebenso rechthaberisch daher wie die Wissenschaft. Es ist lediglich unverlässlicher.

In San Francisco, wo das Wassermanngefühl geboren wurde, fand Ende Januar 1974 ein besonderer Jahrmarkt statt, ein Mix aus Festival und Messe unter dem Motto der Bewusstseinserweiterung, Eintritt: fünf Dollar. Die Besucher bekamen zunächst ein Flugblatt in die Hand gedrückt, das eine Welt der Wunder ankündigte: »Aikido, Kirliansche Fotografie, Pflanzenkunde, Psychosynthese, Holografie, Biorhythmus, liturgischer Gesang, Massage, Polaritätstherapie, Gestalttherapie, Traumkunde, Biofeedback, Mantras, Mandalas, Bioenergetik, Astrologie, Yoga, Tai Chi usw.« Auf der Hauptbühne spielten Bands wie »Cosmic Beam« und »Amazing Grace«, zu essen gab es ungeschälten Reis und Kräutertee. An die hundert Gurus, Therapeuten, Psychohelfer, Bewusstseinsforscher und Bewegungskünstler redeten auf das zwischen den Ständen herumschlendernde Publikum ein, verteilten Prospekte über Elektro-Akupunktur, Lernmaschinen für außersinnliche Wahrnehmung, Tarot. Es gab Seminare für intensive Gruppenerfahrungen »voller Vertrauen, Liebe, Sinnlichkeit, Zorn« usw. Tausende kamen. Sie waren, schrieb ein Beobachter, wie Kinder im Zirkuszelt, voller Naivität und Wunderglauben. Warum soll man ihnen vorhalten, dass sie mittlerweile älter geworden sind, skeptischer, angepasster? Der Zirkus zieht fröhlich weiter, die Schausteller reisen von Land zu Land, zu Seminaren, Workshops, Symposien. Die Menschen, die von ihnen lernen wollen und ihre Bücher lesen, sind für den Militärdienst unbrauchbar, sie tanzen lieber in einer Vollmondnacht Reigen auf einer Waldlichtung.

Wenn sie außerdem, und auch das geschieht ab und zu, mit der Polizei zu tun bekommen, wegen Beteiligung an einer verbotenen Demonstration für die Indianer oder gegen die Apartheid, dann können sie ganz schnell ihre blauen Wunder erleben, ohne Esoterik. Die Grenzen des Glaubens an die Verwandelbarkeit der Wirklichkeit werden auch in demokratischen Ländern recht bald spürbar, sobald Nora ihr Puppenheim verlässt.

Im deutschsprachigen Raum verkündete 1978 ein Büchlein unter dem Titel *Vulkantänze* den intellektuellen Schwenk in die Wassermannzeit.[158] Herbert Röttgen, einer der beiden Verfasser, war damals ein linker Verleger in München. Ebenfalls 1978 erschien die *Traumzeit* von Hans Peter Duerr. Nach einem Jahr waren 20 000 Stück *Traumzeit* verkauft, und die Diskussion über die Beziehungen zwischen Wissenschaft und Irrationalität setzte viele Schreibmaschinen in Bewegung. Es gab insgesamt an die 170 Rezensionen der *Traumzeit,* was einem mittleren Erdbeben im Geistesleben entsprach. Duerr erhielt eine Postkarte von Carlos Castaneda und fuhr zum Sonnentanz der Cheyenne in Oklahoma, wo ihm ein Adler erschien. Er hat die Erscheinung nie interpretiert, was ihn von den Wellenreitern des New Age wohltuend unterscheidet.

Im Kontrast zur traditionellen Gottesdienstlichkeit blickt die sanfte Verschwörung des Wassermanns weder nach Rom noch nach Mekka, sie hat kein Zentrum, verfügt über keine kanonischen Schriften, wechselt und mischt ihre Vorlieben für Heilslehren, Therapien, Mystiken und Mysterien, kennt keine lebenslange Anhänglichkeit an Bünde, Gemeinden, Konfessionen, Glaubensrichtungen, Sekten, Kirchen, Überlieferungen und Bräuche. Konstant bleibt lediglich das Bedürfnis nach außeralltäglichen Erfahrungen, körperlichen oder übersinnlichen Sensationen, konstant auch der Hunger nach privilegiertem Wissen, das nicht aus Büchern erlernbar ist, sondern durch Einweihung vermittelt wird. In dem Fundus, aus dem man sich bedient, liegen Tarotkarten neben dem Neuen Testament und dem Talmud. Räucherstäbchen gehören immer dazu.

Mit der *religio* der alten Römer oder mit dem, was die europäische Aufklärung Religion nannte, ist die gegenwärtige Wanderlust in den Gefilden der Geistlichkeit nicht ohne weiteres zu verwechseln. Ohne ultrastabile Kultformen (Riten, heilige Handlungen) kann von Religion nicht die Rede sein. Ferner verfügt jede religiöse Struktur, ob bei Buschmännern oder Zen-Buddhisten, über einen Schatz von Geschichten, die den Kult legitimieren, auch wenn sie nicht bei jeder Gelegenheit erzählt werden. Drittens verlangt der Zusammenhang zwischen Begründungstext und Ritual nach einer verlässlichen Kontinuität, die generationenüberschreitend andauern muss.

All das fehlt den heutigen Großstadtschamanen. Sie gleichen Derwischen ohne Koran, Kabbalisten ohne Thora, Gralsrittern ohne Kreuz, Alchemisten ohne Werkstätte. Gemeinsam ist ihnen eine diffuse Heiterkeit, wie man sie auch im Kloster finden kann, obwohl sie sich an keinerlei Ordensregeln halten. Ein billiger Halbedelstein genügt, um sie daran zu erinnern, dass alles mit allem zusammenhängt. Für einen Krieg sind sie mit Sicherheit untauglich. Was das Wassermannvolk antreibt, ist die Revolte der Wünsche gegen den Drill und den Drall der Industrie, gegen die Öde ihrer Unterhaltungsmaschinen. Die Wünsche sind unbeirrbar. Sie fliegen nach Tibet und flattern im Wind wie Gebetsfahnen. Sie schlagen auf Gongs in uralten Tempeln. Sie brennen wie Kerzen vor Gnadenaltären. Sie irren durch Labyrinthe, fasten in Wüsten, reden mit wilden Tieren. Sie tanzen im Urwald und versinken im Meer, suchen Erleuchtung, zittern vor Geistern, knien vor Erscheinungen. Die Wünsche können nicht irren. Sie werden vom Zwergenvolk in den Berg eingeladen und köstlich bewirtet, zum Abschied beschenkt mit einem Sack voll goldenen Gerätes und faustgroßer Edelsteine. Wenn sie wieder ans Tageslicht kommen, sind sie hundert Jahre älter geworden, und aus dem Sack mit den Kostbarkeiten kriechen Kröten und Schlangen. Der kleine Schabernack macht den Wünschen überhaupt nichts aus, sie sind Kummer gewöhnt. Sie stecken die Nase in den Wind, sie heben die Flügel. Bis zum Jahr 4120 ist noch eine Menge Zeit.

10. Madonnina

Die Wiederkehr der verdrängten Weiblichkeit

»Es ist immer schwierig, einen Mythus zu beschreiben; er lässt sich nicht fassen, nicht begrenzen, er geistert im Bewusstsein umher, ohne ihm jemals als fixiertes Objekt gegenüberzustehen. Er ist so schillernd, so widerspruchsvoll, dass man zunächst die Einheit nicht sieht: Als Dalila und Judith, Aspasia und Lucretia, Pandora und Athene ist die Frau immer Eva und Jungfrau Maria zugleich. Sie ist Idol und Magd, Quell des Lebens und Macht der Finsternis; sie ist das urhafte Schweigen der Wahrheit selbst und dabei unecht, geschwätzig, verlogen; sie ist Hexe und Heilende; sie ist die Beute des Mannes und seine Verderberin, sie ist alles, was er nicht ist und was er haben will, seine Verneinung und sein Daseinsgrund.«

Simone de Beauvoir, Das andere Geschlecht, Reinbek 1989, 155

Der Mythus der Frau, wie Simone de Beauvoir ihn in ihrem Standardwerk der Frauenbefreiung genannt hat, ist männlichen Ursprungs. Es mag sein, dass er zum Verschwinden verurteilt ist, sobald die Frauen gelernt haben, sich nicht als Geschlechtswesen, sondern als Menschen zu betrachten. Noch aber lebt er in alter Frische fort wie vor 3000 Jahren, als in den Mittelmeerländern der Kult der Großen Mutter viele Priester ernährte. Seit 150 Jahren hat seine Kraft eine Reihe sehr merkwürdiger und neuartiger Blüten hervorgetrieben – die Erscheinungen der Madonna in den katholischen Ecken Europas. Was sich dort zutrug, riecht nicht nach Papiertheologie, widerspricht der Vernunft und wirkt unerklärliche Wunder, sehr zur Freude der kleinen Leute, die sich ihre Umgangsformen mit dem Übernatürlichen bewahrt haben.

In Syrakus zum Beispiel begann die Geschichte an einem ganz gewöhnlichen Sommertag.[159] Antonina Jannuso hatte sich eben mit dem Kopf an das Fußende des Ehebettes gelegt, um etwas näher am Fenster zu sein, das sie geöffnet hatte, um frische Luft ins Zimmer zu lassen. Über dem Ehebett hing eine kleine Madonna aus Gips, mit einem roten Herzen vor der Brust. Frau Jannuso war schwanger, zum ersten Mal. Sie litt an schmerzhaften Krämpfen, die ihr zeitweise das Sehvermögen raubten. Auch am Morgen des 29. August 1953 konnte sie nichts sehen. Ihr Mann war um sechs Uhr zur Arbeit gegangen, und so lag sie allein in ihrem Zimmer des Hauses Nummer 11, Via degli Orti, Syrakus, Italien. Gegen halb neun kam ein neuer Krampf, und plötzlich war das Augenlicht wieder da. »Ich machte die Augen auf«, sagte Frau Jannuso später in einem Radiointerview, »und sah die Madonnina, wie sie weinte, und so haben wir die Nachbarn gerufen.«

Die Madonnina weinte drei Tage und drei Nächte lang, bis zum 1. September am späten Vormittag. Sie weinte nicht ununterbrochen. Manchmal setzten die Tränen aus, aber nie für längere Zeit. Auch in der Nacht, während der die Madonnina in einer Schublade verwahrt wurde, weinte sie weiter und machte das Tüchlein feucht, mit dem man sie zugedeckt hatte. Die Tränen bildeten sich in den inneren Augenwinkeln und rannen über die Wangen nach unten.

Zunächst dachte Frau Jannuso, die Madonnina wäre am Schwitzen. »Es ist kein Schwitzen, sie ist am Weinen«, sagte Signora Grazia, die Schwägerin von Frau Jannuso, nachdem sie sich die Sache genau betrachtet hatte. Sie trocknete die Madonnina mit einem Leinenlappen ab, aber bereits nach einer Viertelstunde waren die Kopfkissen des Ehebettes nass von den Tränen der Madonnina. Die Nachbarschaft war zu diesem Zeitpunkt bereits in großer Erregung, bald danach erschien die Polizei, um den Andrang der Bevölkerung ein wenig zu regulieren.

Der Zeichenlehrer Vittoria Lucca, wohnhaft Nr. 12 Via degli

Orti, kam am Nachmittag desselben Tages von der Schule nach Hause. Zum Radioreporter sagte er: »Alle sagten mir, dass die Madonnina, also ein *capezzale,* ein Basrelief, ein Wandbild aus Gips, weine. Ich bin dann mit meiner Schwester ins Haus gelangt. Wir haben die Tränen genau aus den Augen, also aus den Augenhöhlen hervorkommen sehen, es war kein Schwitzen, sondern ein Hervorquellen, so, wie wenn ein Kind oder ein alter Mann weint.«

Die Madonnina, ein Hochzeitsgeschenk für das Ehepaar Jannuso, hatte 3500 Lire (nach damaligem Kurs etwa 23 Mark) gekostet, im Kaufhaus Emporio Floresta auf dem Corso Umberto in Syrakus. Sie war in der Fabrik der Firma ILPA in Bagni di Lucca hergestellt worden, aus reinem Gips, der in Wasser aufgelöst und in Pressformen aus Gummi gegossen wird. Nach dem Festwerden des Gipses wird die Plastik aus der Form genommen und zum Trocknen in die Sonne gestellt. Mit Nitrolack werden die Farben Himmelblau, Rosa, Rot und Weiß aufgemalt. Danach wird die Figur glasiert und auf eine Platte aus schwarzem Opalglas geschraubt. Der Prokurist der Firma ILPA, Ulisse Viviani, bestätigte mit seiner Unterschrift vom 14. September 1953 und unter Eid auf das Evangelium, dass die Madonnina aus der Via degli Orti dieselbe sei, wie sie aus der Fabrik kam, ohne Beschädigung oder Veränderung.

Am Dienstag, dem 1. September 1953, erschien um 11 Uhr vormittags eine Untersuchungskommission in der Via degli Orti, im Auftrag des Erzbischöflichen Ordinariats von Syrakus. Sie bestand aus den Chemikern Michele Casola, Francesco Cotzia, Luigi D'Urso, Pasqualino Grec und Roberto Bertin, dem Pfarrer Giuseppe Bruno sowie den Polizeibeamten Ferrigno, Samperisi, Grasso und Carmel. Signora Jannuso holte die Madonnina aus der Kommode, in der sie die Nacht verbracht hatte. Sie war mit einer Serviette bedeckt. Die Serviette war nass von den Tränen des Bildes. Im inneren linken Augenwinkel der Madonnina befand sich ein Tropfen, der mit einer Pipette entnommen wurde.

Weitere Tropfen, die an derselben Stelle entstanden, wurden ebenfalls abgenommen, sodass eine Probe von etwa einem Kubikzentimeter zu Stande kam. Mit Vergrößerungsgläsern wurden die inneren Augenwinkel des Bildes genau untersucht, es fanden sich keinerlei Unebenheiten. Dann schraubte man die Plastik von ihrer Unterlage ab, um die Innenseite prüfen zu können. Die Innenseite erwies sich als absolut trocken.

Danach hörte die Madonnina zu weinen auf, für immer.

Die Tränenprobe wurde in das *Laboratorio Provinciale Igiene e Profilassi* von Syrakus gebracht, wo sofort mit den chemischen Analysen begonnen wurde. Sie ergab alle Komponenten, die auch in menschlichen Tränen gefunden werden. Professor La Rosa, der Gesundheitschemiker, der die Analyse durchführte, schloss die Bildung von Kondenswasser mit Sicherheit aus. Er betonte, dass die Nitrolackschicht auf der Oberfläche der Figur für jede Flüssigkeit undurchdringlich sei. Eine wissenschaftlich haltbare Erklärung für das Tränenwunder war nicht zu finden. Besonders verblüffend zeigte sich La Rosa darüber, dass aus einer völlig anorganischen Substanz organische Tränen entstanden waren.

Das Herz vor der Brust der weinenden Madonna von Syrakus heißt »Unbeflecktes Herz Maria« und wird seit 1944 alljährlich am 22. August kirchlich gefeiert. Bereits im Jahr 1942 hatte Papst Pius XII. die ganze Welt dem Unbefleckten Herzen Marias geweiht, gleich zweimal, im Oktober und im Dezember.

Der Bildhauer Amilcare Santini, der Anfang 1952 im Auftrag der Firma ILPA das Modell für die Serie modellierte, aus welcher die weinende Madonna stammt, konnte aus einer ikonographischen Tradition schöpfen, die bis in das Mittelalter zurückreicht, näherhin in die deutsche Klostermystik zu Meister Eckeharts Zeiten, mit ihrer merkwürdigen Vorliebe für das Bild des verwundeten und brennenden Herzens. Santini entschied sich dafür, die Liebesflamme des unbefleckten Herzens gut sichtbar zu gestalten, die ikonographisch ebenso vorgeschriebene Verletzung hingegen eher zu verstecken, hinter der rechten Hand der Madonna, die das Herz teilweise verdeckt. Ansonsten hielt der Bildhauer sich in Farbgebung, Kleidung und Gesichtsausdruck an die längst festgelegten Regeln der Madonnenmalerei, deren wichtigste das antike *velamen* vorschreibt, jenes vom Kopf seitlich des Gesichtes herabfallende Tuch, das die Haare verbirgt und die Sittsamkeit ausdrückt. Madonnen ohne Schleier sind eine Rarität.

Die Madonnen, antik, mittelalterlich und modern, in Schlafzimmern, an Wegkreuzungen, über Altären, auf Medaillen, sind zur andächtigen Verehrung der über eine Milliarde Katholiken in aller Welt bestimmt. Die Madonnen verweisen alle miteinander auf Maria, die Mutter Gottes, die Königin der Königinnen, die Siegerin in den Schlachten gegen die Ungläubigen, die himmlische Frau. Sie wird, nach katholischer Lehre, in ihrer Machtvollkommenheit nur von Gott übertroffen, dessen Mutter sie gleichwohl ist. Problematisch ist lediglich, auch aus katholisch theologischer Sicht, ihre Existenzform, die mit den Worten »im Himmel« nur sehr vage umschrieben wird. Dass es sie nur in der Einbildung ihrer Verehrerinnen und Verehrer gebe, wird von skeptischer Seite behauptet. Ihre wirkliche Macht wird von derlei Zweifeln nicht geschmälert. Die so genannten Phantasmen haben im Lauf der Geschichte mindestens ebenso viel bewirkt wie die so genannten Realitäten.

Besonders vertrackt wird die Frage nach dem Verhältnis von Sein und Schein, wenn eine Gipsmadonna menschliche Tränen absondert. Die katholischen Bischöfe Siziliens lösten das Problem recht elegant. In ihrer Erklärung vom 12. Dezember 1953 gaben sie bekannt, »dass die Tatsächlichkeit des Weinens nicht in Zweifel gezogen werden kann«. Die Bischöfe von Sizilien, so heißt es weiter im Text, »hegen den Wunsch, die Äußerungen der Himmlischen Mutter mögen alle zu heilsamer Buße und zu lebendiger Verehrung des Unbefleckten Herzens Maria aufrufen«. Mit dem Ausdruck der Hoffnung auf baldige Errichtung eines

Heiligtums unterzeichnete Kardinal Ruffini, Erzbischof von Palermo und Vorsitzender der Bischofskonferenz von Sizilien, die kurze Verlautbarung.

Die Madonnina hatte mittlerweile auf dem Euripidesplatz in Syrakus einen neuen Standort gefunden, in einem glasgeschützten Gehäuse auf einer Säule aus Stein. Bis Ende 1953 zählte man insgesamt 1,8 Millionen Menschen, die dort ihre Gebete verrichteten. Am 25. Dezember 1953 brachte Signora Antonina Jannuso einen kräftigen Knaben zur Welt. Sie hatte seit dem Tag, an dem sie zum ersten Mal die Madonnina weinen gesehen hatte, keinerlei Krämpfe mehr verspürt.

Von den ungezählten Marienerscheinungen, die im Lauf der Jahrhunderte zusammengekommen sind, wurden lediglich elf offiziell approbiert: Guadalupe (Mexiko, 1531); Paris (1830); La Salette (Frankreich, 1846); Lourdes (Frankreich, 1858); Filippsdorf (Nordböhmen, 1866); Pontmain (Frankreich, 1871); Pompeji (Italien, 1876); Fatima (Portugal, 1917); Beauraing (Belgien, 1932/33); Banneux (Belgien, 1933); Syrakus (1953, siehe oben). Die kirchenamtliche Approbation schließt Betrug oder Geisteskrankheit beim Zustandekommen der wunderbaren Ereignisse aus und gestattet den öffentlichen Kult am Ort des Geschehens. Der Errichtung von Wallfahrtskirchen, der Verbreitung von Andachtsbildern und Statuen steht dann nichts mehr im Wege.

Die Vorsicht der Kirche im Umgang mit Marienerscheinungen ist eine Konzession an den wissenschaftlichen Sinn der Neuzeit. Für den Wunderglauben wird erst dann grünes Licht erteilt, wenn Physik, Chemie, Medizin abgewinkt haben. Eine einwandfrei dokumentierte multiple Sklerose zum Beispiel, vollständig abgeheilt innerhalb weniger Stunden oder Tage nach Anrufung einer bestimmten Madonna, wird die Urteilsfindung der untersuchenden Kommission sicherlich zugunsten der betreffenden Madonna beeinflussen. Es geht dabei allemal um die »übernatürliche Verursachung« der in Frage stehenden Vorkommnisse, wie es im

Fachjargon heißt, also darum, alle »natürlichen« Faktoren so verlässlich wie irgend möglich auszuschließen. Je verdutzter die Wissenschaft ist, desto zufriedener kann die Kirche sein.

In Lourdes, mit jährlich sechs Millionen Pilgern zurzeit das führende Marienheiligtum, prüfte die kirchenamtliche Kommission dreieinhalb Jahre lang den übernatürlichen Charakter der 18 Erscheinungen, die das Bauernkind Bernadette Soubirous im Alter von 14 Jahren vom Februar bis zum Juli 1858 gehabt hatte. Am 18. Januar 1862 verkündete der für Lourdes zuständige Bischof der Stadt Tarbes, die Marienerscheinungen hätten »alle Kennzeichen der Wahrheit an sich«. Seither wurden in Lourdes über 5000 wunderbare Krankenheilungen gemeldet, von denen 58 kirchlich approbiert sind. Ein dreifacher Instanzenzug, in dem die Ärzte das Sagen haben, sortiert die Wunder nach strengen wissenschaftlichen Kriterien. Die Heilungen, die allen Kontrollen standhalten, verkündigen dann die Macht der Madonna über die hartnäckigsten und bösesten Leiden. Die Regeln, nach denen die Madonna ihre Gnadenerweise verschenkt, bleiben im Dunkeln. Einige Bitten werde ich erfüllen, sagte die Madonna von Fatima, andere nicht.

Der Schwerpunkt der marianischen Manifestationen liegt jedenfalls in Europa. In einer Aufstellung des belgischen Benediktiners Bernard Billet, die insgesamt 232 einschlägige Vorkommnisse in 32 Ländern von 1928 bis 1975 anführt, liegen Italien mit 78 und Frankreich mit 30 Marienerscheinungen an der Spitze, gefolgt von Deutschland mit 20 und Belgien mit 17 visionären Begebenheiten. In den USA und in Kanada erschien die Madonna fünfzehnmal, in Brasilien viermal, in Mexiko und auf den Philippinen je zweimal, in China einmal. In letzter Zeit machte sich die Madonna auch in Afrika bemerkbar, wie Kardinal Ratzinger, nunmehr Papst Benedikt XVI., in einem Gespräch mit dem italienischen Journalisten Vittorio Messori angedeutet hat. Auf dem Feld der Marienerscheinungen, meinte Ratzinger, ist mehr denn je Geduld ein Grundsatz unserer Politik.

Der führende bischöfliche Mariologe der Bundesrepublik, Rudolf Graber, setzt die Häufung der Marienerscheinungen in den letzten 150 Jahren in Beziehung mit dem Beginn des technischen Zeitalters einerseits, dem Heraufkommen von Marxismus und Satanismus andererseits. Es gibt keinen Grund zur Verzweiflung, schreibt Graber, die Epoche des Teufels gibt dem Zeitalter Mariens Raum.

Das Erscheinungsbild der Madonna, wie es von den Seherinnen und Sehern beschrieben wird, weicht innerhalb der letzten 150 Jahre kaum von den Normen ab, die am 19. Juli 1830 festgelegt wurden, dem Zeitpunkt der ersten Marienvision in der Rue du Bac (Paris), wo die vor kurzem ins Kloster eingetretene Catherine Labouré die weiß gekleidete Muttergottes erblickte. Im November kam die Madonna noch einmal. Sie stand auf einer Halbkugel, unter ihren Füßen wand sich eine Schlange. Catherine vernahm den Auftrag, nach diesem Vorbild Medaillen prägen zu lassen. Die Medaillen sind bis heute beliebt geblieben, man kann sie in Devotionalienhandlungen kaufen.

Im Gegensatz zur ikonographischen Tradition der Antike und des Mittelalters erscheint die Madonna des 19. und des 20. Jahrhunderts stets ohne das göttliche Kind. Sie wirkt jugendlich, so um die 15 Jahre herum, wie die kleine Lucia sie in Fatima sah. Manchmal hat sie einen Rosenkranz in der Hand wie in Lourdes und in Fatima, manchmal nicht. Ausnahmslos reicht ihr Körpergewand bis zum Boden, ihr Gesicht wird eingerahmt vom *velamen,* das die Haare verbirgt. Ein zusätzlicher Umhang aus leichtem Stoff, mit Goldstickerei wie in Fatima, kann dazukommen, muss aber nicht. Zum dominierenden Weiß trat in Lourdes ein hellblauer Stoffgürtel. Die Füße der Madonna sind immer nackt, wenn sie zu sehen sind. Der Gesichtsausdruck der Madonna wird als eher ernsthaft geschildert, ihre Stimme als angenehm weich. In Pontmain trug die Madonna ein blaues Kleid mit aufgestickten Sternen aus Gold, in Beauraing hatte sie ein rotes Herz vor der Brust, in La Salette (1800 Meter über dem Meer) saß sie auf einem Stein. die Ellenbogen auf die Knie und den Kopf in die Handflächen gestützt, weinend. In Banneux stand sie unbeweglich in der Abenddämmerung vor dem Haus der Familie Beco und wurde zunächst für ein Gespenst gehalten. Von Spukerscheinungen wie den öfter beobachteten »Weißen Frauen«, die gelegentlich sogar fotografiert wurden, zum Beispiel 1936 in Raynham Hall (Norfolk, England), unterscheidet sich die Madonna durch ihre Sprachfähigkeit. Die in alten Schlössern umgehenden Damen sind stumm; die Madonnen reden. Sie sagen: »Ich bin die Unbefleckte Empfängnis« (in Lourdes). Oder: »Ich bin die Rosenkranzkönigin« (in Fatima). Sie bekunden den Wunsch, die Menschen mögen in Prozessionen zum Ort der Erscheinung kommen, sie regen den Bau von Kapellen und Kirchen an. Sie beklagten die vielen Sünden, durch die Gott beleidigt werde, sie fordern zu Gebet und Fasten auf, sie warnen vor Kriegen und Katastrophen, versprechen Gnaden und Wunder. Über den Zustand der Welt zeigen sie sich ähnlich alarmiert wie der Club of Rome. Ihre Jenseitigkeit schließt ein teilnehmendes Interesse an den Verhältnissen im Diesseits keineswegs aus.

Regie und Drehbuch der Marienerscheinungen entsprechen dem Wortschatz und der Ikonographie einer Gläubigkeit, die eher in der bäuerlichen Welt als in den Metropolen gedeiht. Die Madonna wählt mit Vorliebe abgelegene ländliche Gegenden aus, um sich zu manifestieren, mit Schafherden und Kühen im Hintergrund, wie im Mittelalter, wie zur Zeit um Christi Geburt, wie im alten Ägypten. Viele ihrer Heiligtümer stehen auf vorchristlichen Fundamenten, auf den Ruinen heidnischer Tempel, die der Venus geweiht waren oder der Minerva oder der Isis. Ihre katholische Erscheinungsform ist die letzte im Reigen der heiligen Kornmädchen, Waldnymphen, Hollinnen, die dem Bauernvolk überall auf der Welt seit mindestens 10 000 Jahren ehrwürdig waren. Das Haus in Syrakus, in dem ihr gipsernes Bildnis Tränen vergoss, stand 1953 weit draußen, wo die Felder und Gärten beginnen. Inzwischen wurde das *Santuario Madonna delle*

Lacrime gebaut, in der archäologischen Zone der Stadt. Die Sizilianer haben offenbar einen feinen Sinn für den Umgang mit Himmelmüttern.

Ein Seitenblick auf das hohe kulturgeschichtliche Alter und die weltweite Verbreitung der Gottfrau in ihren hundert Gestalten relativiert ihr heutiges römisch-katholisches Wesen. Dass sie unter ihrem hochgeschlossenen Kleid nackt und wild sein könnte, eine gefährliche Verlockung für die Männer, ist für einen Christenmenschen zwar ein verpönter Gedanke, dessen Inhalt jedoch in allen Hurenzimmern der Erde unfehlbar wiederkehrt. Der lange Prozess der Zivilisation hat überall die Frauengestalt in eine weiße und in eine rote gespalten, eine helle und eine dunkle, eine erlaubte und eine verbotene. Ohne Möglichkeit der Befleckung wäre die Macht der Unbefleckten nicht möglich.

Unter katholischen Priestern, vom Papst bis zum Kaplan, ist wiederholt eine stark ausgeprägte Bindung an die eigene Mutter festgestellt worden, von dem Zürcher Psychologen Karl Guido Rey beispielsweise. Rorschachtests und Tiefeninterviews mit 600 Theologen brachten starke homosexuelle Tendenzen zutage, heftige Angstvorstellungen beim Gedanken an das weibliche Genital und eine Fixierung auf den oralen Bereich, das Lutschen und Saugen. Matriarchalisch erzogene Knaben werden von der Madonna bereits als geeignete Diener im Tempel der Großen Mutter erwartet.

Was dort von ihnen verlangt wird, konnte früher merkwürdige Formen annehmen. Die Priester der vorderasiatischen Kybele, einer Vorläuferin der Madonna, entmannten sich selbst. Immer noch sind die katholischen Geistlichen zur Keuschheit verpflichtet. Wenn sie sich dennoch mit irdischen Frauen einlassen, ist die himmlische Herrin äußerst betrübt, wie in einschlägigen Texten immer wieder betont wird.

Die Psychodynamik des Mutterkomplexes, nicht nur des katholischen, wurde von Carl Gustav Jung und seiner Schule ausführlich gewürdigt, zum Beispiel im Hauptwerk von Erich Neumann,

Die Große Mutter. Jung selbst fand im Alter überschwängliche Worte der Freude über die Dogmatisierung der Himmelfahrt Mariens durch Papst Pius XII. im Jahr 1950, die in den Augen Jungs das wichtigste religiöse Ereignis seit den Tagen der Reformation darstellte. Wer die in den letzten Jahrzehnten sich häufenden Marienerscheinungen aufmerksam verfolgte, schrieb Jung in seiner *Antwort auf Hiob,* und sich über deren psychologische Bedeutung Rechenschaft gab, der konnte wissen, was im Tun war.[160]

Im Tun war, jungianisch geredet, das kollektive Unbewusste in seiner Tiefe, mit gewaltigen archetypischen Entwicklungen. Es ging dabei um nicht weniger als ums Ganze, um den Weltfrieden und die Gleichberechtigung der Frau. Bedauernd musste Jung konstatieren, dass die evangelische Hälfte der Christenheit mit der Himmelfahrt Mariens wenig anfangen konnte. Auch die Inder und die Chinesen kümmerten sich nicht um das Schicksal der Madonna; sie hatten im Jahr 1950 andere Sorgen. So kollektiv, wie Jung dachte, war das Unbewusste auch wieder nicht.

Das Unbewusste, in dem Jung die Madonna suchte, ist eine europäische Entdeckung aus der romantischen Ära, eine Domäne der Dichter und Künstler, der Irren und ihrer Psychiater, der Psychedeliker und Okkultisten. In diesem Jenseits der modernen Seele gibt es die gewöhnliche Welt noch einmal, aber ohne Gedankenpolizei, ohne Himmelsrichtungen, grenzenlos, traumhaft, zeitlos, unendlich bedeutsam, trügerisch, amoralisch, surrealistisch. Tote und Lebende kommen darin vor, tibetanische Mandalas, Engel und Teufel, würdige alte Männer und liebreizende junge Mädchen in weißen Gewändern, Fische und Schlangen, Masken und Fetische, das Inventar der völkerkundlichen Sammlungen und der prähistorischen Höhlenmalereien, astrologische Erinnerungsreste, alchemistische Symbole, das Hakenkreuz und die Dreifaltigkeit.

In diesem Durcheinander aus Irrsinn und Tiefsinn figuriert die Madonna als Manifestation des Ewigweiblichen, nonnenhaft und verrucht, mütterlich fruchtbar, gütig und bedrohlich, ein unerschöpfliches Thema für Symposien aller Art. Zwischen der tiefenpsychologischen Madonna für die gebildeten Kreise und der wundertätigen Maria aus den katholischen Wallfahrtsorten besteht gleichwohl ein Unterschied. Gebetet wird nur zur letzteren.

Weil die Massen zu ihr kommen, ist die Jungfrau Maria eine einflussreiche politische Kraft geworden, in Italien, Portugal, Spanien, Frankreich, Belgien, Irland, Polen und Bayern. Sie mag weder Kommunisten noch Sozis. In Fatima erschien sie im Jahr der Oktoberrevolution, wobei allerdings erst viel später bekannt wurde, auf welcher Seite sie stand. Im Herbst 1942, als die deutschen Truppen gegen Stalingrad marschierten, veröffentlichten die portugiesischen Kirchenbehörden den Wunsch der Muttergottes, Russland ihrem unbefleckten Herzen zu weihen, auf dass dieses Land sich bekehre. Am 31. Oktober 1942 wandte sich Papst Pius XII. in einer Radiobotschaft an die »Siegerin in allen Schlachten Gottes« mit der Bitte, auch jenen Völkern den Frieden zu schenken, bei denen in jedem Haus ihre »ehrwürdige Ikone« vormals in Ehren gehalten wurde. Deutlicher mochte der Papst zu jenem Zeitpunkt nicht werden. Am 19. November setzte dann die Rote Armee ihre Gegenoffensive in Bewegung, Stalingrad wurde eingekesselt und die Schlacht um Russland entschieden, allerdings nicht im Sinne des Heiligen Vaters.

In Portugal war seit dem Juli 1932 die Regierung Salazar am Ruder, deren Geschmack an demokratischen Prinzipien nicht sonderlich verfeinert war. Dafür hielt Salazar, auch persönlich ein frommer Katholik, seine Hand über den Wallfahrtsort Fatima. Von den drei Bauernkindern, denen 1917 die Madonna erschien, erlebte nur Lucia dos Santos (geb. 1907) die Einweihung der neuen Basilika von Fatima im Jahr 1946. Lucia war im Alter von 14 Jahren unter die Obhut von Klosterfrauen gestellt worden und seit 1928 selbst eine Nonne. Im Jahr 1929 erschien ihr die Madonna ganz privat, um ihr die Bekehrung Russlands ans Herz zu legen. Daraufhin verfasste Lucia eine Reihe von Memoranden in dieser Angelegenheit, die bis 1942 unter Verschluss blieben. Nach dem Krieg wurde ihr Anliegen in die katholischen Länder Europas exportiert, als »Rosenkranzsühnekreuzzug« (Wien 1947) mit klar antikommunistischer Tendenz und Millionen von Beterinnen und Betern, die täglich das Erbarmen des Himmels auf die gottlosen Bolschewiken herabflehten, während sich die NATO formierte.

Als im Jahr 1966 Papst Paul VI. nach Fatima kam, durfte Lucia ihr Kloster in Coimbra verlassen und gemeinsam mit Präsident Salazar und dem Heiligen Vater die gläubige Menge begrüßen. Ihr »Drittes Geheimnis« liegt seit 1943 im Vatikan. Ratzinger hat es gelesen und meint, dass seine Veröffentlichung zur Sensationsmacherei missbraucht werden könnte. Das zweite Geheimnis betraf die Bekehrung Russlands, das erste bestand in einer wüsten Höllenvision, die im Jahr 1942 gemeinsam mit der Botschaft über die Sowjetunion veröffentlicht wurde. Lucia: »Wir sahen etwas wie ein großes Feuermeer, und in ihm versunken schwarze, verbrannte Wesen, Teufel und Seelen in Menschengestalt, die wie durchsichtige, glühende Kohlen aussahen. Sie wurden innerhalb der Flammen in die Höhe geschleudert und fielen von allen Seiten wie Funken bei einer großen Feuersbrunst herab, gewichtlos und doch nicht schwebend. Dabei stießen sie so entsetzliche Klagelaute, Schmerzensschreie und Verzweiflungsrufe aus, dass wir vor Grauen und Schrecken zitterten.« Das Buch von Professor Gonzaga da Fonseca, dem das Zitat entnommen ist, hat den Titel *Maria spricht zur Welt* und ist in katholischen Buchhandlungen erhältlich. Es erschien erstmals 1931 in Italien und hält zurzeit bei der 20. Auflage.[161]

Über den innigen Zusammenhang zwischen dem ersten und dem zweiten Geheimnis, zwischen Verdammnis und Kommunismus, kann es laut Fonseca keinen Zweifel geben. Trotzdem machten die Portugiesen 1974 ihre »Revolution der Nelken« und schrieben den Sozialismus und die klassenlose Gesellschaft als Zielvorstellungen in die neue Verfassung. Seither wählen viele Portugiesen links von der Mitte, was sie keineswegs hindert, alljährlich im Mai und im Oktober zu Hunderttausenden nach Fatima zu kommen, zu Fuß und aus allen Teilen des Landes, um der Madonna ihre Anliegen vorzutragen. Sie marschieren die Fernstraßen entlang, in kleinen Gruppen, mit Plastiktaschen in der Hand. Die Frauen wandern in ihren gewohnten Pantoffeln, als kämen sie gerade aus der Küche. Gelegentlich sitzt jemand am Straßenrand und massiert die schmerzenden Füße. Die wunderbaren Gebetserhörungen haben in Fatima auch nach dem Einzug der sozialistischen Ideen in Portugal keineswegs abgenommen. Vielleicht hat die Madonna seit 1917 dazugelernt.

Am 24. Juni 1981 erschien die Heilige Jungfrau in einem sozialistischen Land. Ivanka Ivanković (geb. 1966) und Mirjana Dragićević (geb. 1965) gingen am Nachmittag dieses Tages auf den Hügeln oberhalb der Ortschaft Medjugorje spazieren, als Ivanka eine leuchtende Gestalt erblickte, die knapp über dem Boden schwebte, in einem blaugrauen Kleid und anzusehen wie ein junges Mädchen.[162] Das ist die *gospa*! Auch Mirjana sah die Erscheinung. Die Mädchen bekamen Angst und liefen davon. Gegen Abend kehrten sie an die Stelle zurück, zusammen mit einem jungen Mann und drei weiteren Jugendlichen. Da ist sie! Wiederum rannten die Kinder weg und erzählten daheim ihr Erlebnis. Niemand glaubte ihnen.

Gospa ist ein kroatisches Wort und bedeutet Herrin. In Medjugorje, 300 Einwohner, 30 Kilometer westlich von Mostar, Teilrepublik Bosnien-Herzegowina, wird Kroatisch gesprochen. Die Bevölkerung ist fromm katholisch, es gibt eine moderne Kirche im Ort. Ihr Pfarrer, der Franziskanerpriester Jozo Zovko, verhielt sich zunächst eher skeptisch und äußerte die Vermutung, die jungen Leute hätten Marihuana geraucht.

Am 25. Juni gingen Ivanka und Mirjana gegen 18 Uhr zu dem Hügel, auf dem sie am Vortag die Madonna gesehen hatten. Mit ihnen kamen Vicka Ivanković (geb. 1964, Cousine Ivankas), Marija Pavlović (geb. 1965), Ivan Dragićević (geb. 1965) und Jakov Čolo (geb. 1961) sowie zwei Erwachsene als Zeugen. Die sechs rannten den Hügel hinauf, in fünf Minuten waren sie oben, was eine beachtliche Leistung war. Bei bedächtiger Gangart dauert der Aufstieg 20 Minuten. Die *gospa* wartete bereits. Die Erwachsenen sahen nichts.

Am dritten Tag waren die Kinder nicht mehr allein. Aus den Dörfern der Umgebung hatten sich 2000 Menschen auf dem Erscheinungshügel versammelt. Es gab ein starkes Gedränge, weil jedermann den Kindern möglichst nahe sein wollte. Mirjana und Ivanka wurden vorübergehend ohnmächtig, und dann kam die Madonna. Wer bist du? Ich bin die selige Jungfrau Maria. *Mir, mir, mir! Mir* bedeutet in den slawischen Sprachen Friede. Im real existierenden Sozialismus hatte das Wort einen hohen Stellenwert, man fand es auf Spruchbändern und Plakaten, wenn ein Gedenktag gefeiert wurde. Am vierten Tag wurden die Kinder von der Polizei zur Einvernahme in die Bezirksstadt Citluk vorgeladen und von dem Arzt Ante Vujevic auf ihren Geisteszustand untersucht. Am Abend kam wieder die Jungfrau. Am fünften Tag wurden bereits 15 000 Andächtige gezählt. Die Polizei erließ am 13. Juli ein Versammlungsverbot auf dem Erscheinungshügel. Die Madonna kam trotzdem täglich zur gewohnten Stunde, zunächst in das Haus eines Nachbarn, dann in einen kleinen Nebenraum der Dorfkirche. Sie kommt immer noch, jeden Tag um 18.15 Uhr. Wie schön sie ist, sagte Ivanka Ivanković. Die *gospa* hat schwarze, etwas gewellte Haare und blaue Augen. Ihre Stimme hört sich sehr angenehm an, wie Musik.

In der Zeitung *Večernje Novosti* vom 22. Oktober 1981 wurden die Vorkommnisse in Medjugorje als subversive Aktivitäten bezeichnet. Das Komitee der Sozialistischen Union der Völker Jugoslawiens habe auf seiner letzten Sitzung beschlossen, dass das Wiedererwachen des Klerikalismus an Ort und Stelle bekämpft werden müsse. Es sei kein Zufall, dass gerade dieses Thema zur Diskussion auf höchster Ebene gewählt wurde. Während der letzten Monate habe der Klerikalismus seine unheilvolle Tätigkeit zunehmend verstärkt.

Der zuständige Bischof Pavao Zanić von Mostar war über das Auftreten der *gospa* in Medjugorje ebenfalls wenig erfreut. Er setzte die übliche Kommission ein und verfügte schließlich, dass keine organisierten Wallfahrten zum Erscheinungsort erlaubt seien. Das Verbot nützte nichts. Zum fünften Jahrestag der Vision im Juni 1986 waren 100 000 Pilger angereist, sogar aus Japan und Indien. Sie übernachteten in Zelten und Wohnwagen oder in den Hotels von Citluk und Mostar. Ein Derwisch aus Blato bei Mostar, der sich während einer Erscheinung in der Nähe des Geschehens aufhalten durfte, spürte das Energiefeld und fühlte sich selbst am Rande einer Ekstase. Die Heilige Kongregation für die Glaubenslehre im Vatikan, die das Prüfungsverfahren an sich gezogen hat, hält sich weiterhin im Urteil zurück. Die Behörden freuen sich über die Devisen der ausländischen Pilgerscharen. Die *gospa* hat die Dauer ihrer Auftritte verkürzt, von ursprünglich 20 Minuten auf eine Minute im Regelfall. Derzeit sollen nur noch Jakov und Marija täglich die *gospa* sehen. Bischof Zanić bekräftigte in einem Rundschreiben an alle katholischen Bischöfe der Welt seine Überzeugung, dass die Marienerscheinungen von Medjugorje keineswegs übernatürlich seien. Der Zulauf der Wallfahrenden dauert an.

In den letzten Jahren reisten immer mehr Wissenschaftler nach Medjugorje, Mediziner, Hirnforscher, Parapsychologen, Ethnologen, Theologen, Psychiater. Eine günstigere Gelegenheit zur Beobachtung von Ekstasen ist in Europa zurzeit nicht zu finden.

Der Dogmatikprofessor Nikola Bulat aus Split begab sich am 2. Juni 1984 gegen 18 Uhr in den Erscheinungsraum der Pfarrkirche von Medjugorje. In der linken Hand hielt er eine kräftige Nadel. Er nahm hinter Vicka Ivanković Aufstellung, schlug mit der rechten Hand gleichzeitig mit Vicka das Kreuzzeichen, nahm danach die Nadel in die rechte Hand und stach das Mädchen, als die Trance eingesetzt hatte, tief in den Rücken, etwas oberhalb des linken Schulterblattes. Keine Schmerzreaktion. Ein weiterer Einstich blieb ebenfalls ohne Ergebnis, außer einem Blutfleck in der weißen Bluse des Mädchens. Der Priester, Mitglied der bischöflichen Untersuchungskommission, hatte vorher niemanden um Erlaubnis gefragt.

Normalerweise hätte Vicka schreien müssen, meinte Professor Henri Joyeux aus Montpellier, Chirurg und Leiter des dortigen Instituts für Ernährung und Experimentelle Onkologie, der eine Woche später nach Medjugorje gekommen war, um die jugendlichen Visionäre zu testen, mit moderneren Methoden als Professor Bulat. Joyeux und seine sechs Kollegen schlossen Ivan Dragićević und Marija Pavlović an einen Elektroenzephalographen vom Typ Alvar Electronic (Reega Minihuit TR) an und konnten in beiden Fällen während der Trance ein Hirnwellenmuster aufzeichnen, das für meditative Entspannungszustände kennzeichnend ist. Epilepsie, pathologisches Halluzinieren, Hysterie waren auszuschließen.[163]

Besondere Aufmerksamkeit wandten die Franzosen der Augentätigkeit der jungen Ekstatiker zu. Bei Ivan und Marija erstarrten beim Eintritt in den Trancezustand die Bewegungen der Augäpfel gleichzeitig, auf 0,2 Sekunden genau, um auf die Erscheinung fixiert zu bleiben, und setzten ebenso präzise wiederum ein, zugleich mit dem Normalbewusstsein. Ein Schirm, der während einer Ekstase vor die Augen von Marija Pavlović und Ivanka Ivanković gehalten wurde, rief keinerlei Reaktion hervor. Bevor die fünf Jugendlichen in die Tests einwilligten, fragten sie die *gospa* um Rat. Die Madonna erhob keine Einwände.

Für die Erlebniswelt derer, die mit Madonnen in Verbindung treten, hat sich in den letzten 35 Jahren der Fachausdruck »Veränderte Wachbewusstseinszustände« eingebürgert, wie bereits oben erwähnt. Unter diese eher breite Kategorie fällt das Benehmen von Schamanen und Medizinmännern, Heilerinnen, Trancemedien, Derwischen, Glossolalen, Visionären, Besessenen ebenso wie die Erfahrungen von Haschischrauchern, Zenmönchen, Hypnotisierten. Die Grenzen zwischen ASC und Wahnsinn sind nicht besonders gut bewacht; aber es gibt sie.

Das einfachste Rezept für den Eintritt in die Außeralltäglichkeit ist eine Kombination aus Schlafentzug, Hunger und reizloser Umgebung. Nach einer Woche, die man auf diese Weise verbracht hat, beginnt sich bei einigermaßen günstigen Voraussetzungen das Jenseits zu melden. Es wird, jedenfalls beim durchschnittlichen Stadtneurotiker, unstruktuiert und verwirrend sein. Die Chance, dass eine Madonna auftritt, ist ziemlich gering.

Sollte sie dennoch erscheinen, dann fangen die erkenntnistheoretischen Probleme erst richtig an. Wie verzwickt sie sind, kann in den beiden Bänden *Der Wissenschaftler und das Irrationale,* herausgegeben von Hans Peter Duerr, auf 1371 Seiten nachgelesen werden, sozusagen als Einstieg ins Thema.[164] Im Fall der Madonna wäre zu fragen, ob das Jenseits, aus dem sie kommt, auch ohne menschliche Hirntätigkeit bestehen bliebe. Wenn ja, dann wäre die gute alte Transzendenz rehabilitiert. Wenn nein, dann gehört die Madonna in diese irdische Welt, auf eine Weise, die immer noch rätselhaft genug bleibt. Sie wäre dann ein gesellschaftliches Wesen, das sich gelegentlich manifestiert, nach Regeln, die unbekannt sind.

Ihre Wundertaten durchkreuzen die Wirklichkeit der Naturgesetze so schlagend, dass die wissenschaftliche Ordnungsliebe in ziemliche Schwierigkeiten gerät. In akademischen Kreisen genießt sie deshalb keinen besonders guten Ruf, man überlässt sie der Geschichtsschreibung, der Volkskunde und der Theologie. Ihre Vitalität hat sich von solcher Vernachlässigung nicht kränken lassen. In Altötting, Kevelaer, Maria Zell, Einsiedeln, Tschenstochau, Saragossa blickt sie ernst auf die Menschen herab, die für sie Kerzen anzünden und die alten Lieder singen. Wunderschön prächtige, hohe und mächtige, liebreich holdselige himmlische Frau. Wende, o wende in himmlischer Ruh deine barmherzigen Augen uns zu.

In der gegenwärtigen Frauenbewegung ist die Gnadenmutter allerdings ziemlich umstritten. »Ich erinnere mich daran«, schreibt Marina Warner in ihrer ausführlichen Studie über den Marienkult, »wie ich einmal Nôtre Dame in Paris besuchte und mit Tränen in den Augen im Mittelschiff der Kirche stand, wütend über die fortdauernde Macht, die diese alte Liebe auf mich ausübte und mich rührte. Aber obwohl mein Innerstes rebellierte, hielt ich doch fest an meiner Vorahnung, dass gerade in der Verherrlichung der vollkommenen Frau sowohl die Menschlichkeit schlechthin als auch die Frauen, gelinde gesagt, verunglimpft wurden.«[165] Der Sieg der sexuellen Gleichheit, meint die Autorin, werde den Mythus der jungfräulichen Mutter allmählich verschwinden lassen.

Die bekannte evangelische Theologin Dorothee Sölle setzte die Akzente etwas anders: »So ist die Gestalt der Maria ebenso doppeldeutig wie alle religiösen Inhalte und Symbole. Sie funktioniert im Interesse religiös verklärter Unterwerfung, aber auch im Interesse von Trost, Schutz und Rettung der Opfer. Maria ist submissiv, ist unterwürfig. Aber sie ist auch subversiv in dem Sinn, wie die lateinamerikanische Polizei das Wort benutzt. Sie zersetzt die Macht der Herrschenden. Die kleine Madonna, die einst das Lied der Befreiung gesungen hat, ist nicht aus Gips und Plastik. Sie ist sehr lebendig. Lebendig in der Geschichte aller Unterdrückten, lebendig in der Geschichte der Frauen. Ich bin – wie viele Christen in den Befreiungsbewegungen – nicht bereit, Maria den anderen zu überlassen. Mir scheint der Ratschlag, Maria und die Religion so schnell wie möglich zu vergessen, zu rasch und zu simpel. Auch heutige Befreiungsbewegungen brauchen Schutz und Vorbilder, brauchen Wurzeln in der Geschichte. Mit der bloßen Abschaffung der Lourdes-Madonna ist darum noch nichts getan. Es fällt mir schwer, die Millionen Frauen vor mir, die Maria geliebt haben, für nur blind oder betrogen zu halten. Da muss auch Widerstand gewesen sein. Widerstand, aus dem wir lernen können.«[166]

Ob heutige Frauen sich im Marien-Mythus wiederzuerkennen vermögen, wenn auch mit Vorbehalten gegenüber seinem männlichen Wunschwesen, der sublimierten Angst vor den Müttern in ihm, hängt mit dem wachsenden Selbsteinsatz weiblichen Trachtens in die Chronik der laufenden Ereignisse zusammen, wie er sich seit einem halben Jahrhundert manifestiert. Allem Anschein nach wird er die Zukunft der Menschheit entscheiden.

In der gegenwärtigen weiblichen Selbstbehauptung ist ein Leitmotiv unüberhörbar – das der Kritik am fünftausendjährigen Patriarchat, an der gottväterlichen Ordnung der Dinge seit der Erfindung der Schrift. In den vorangegangenen Kapiteln kam sie immer wieder zum Vorschein. Die Frage nach ihrer Vergänglichkeit wird angesichts der sichtbar werdenden Zerstörbarkeit des Planeten lebenswichtig.

So betrachtet erscheinen die wunderbaren Marien zwischen 1830 und 1981 als überraschend aktuelle Verkörperungen einer Weiblichkeit, die ohne Mann und Kind aufzutreten und im eigenen Namen zu sprechen vermag. Was die Madonnen zu sagen haben, das ist ebenso partikulär wie der katholische Kitsch bei der Wahl ihrer Kleidung. Ihr jugendlicher Ernst jedoch wirkt wie die Ankündigung eines Willens, dessen allgemeine Verbindlichkeit immer deutlicher wird. Mit ihnen kehrt wieder, was im männlichen Paranoid verdrängt bleiben musste – die bislang sprachlose Eigenart der weiblichen Hälfte der Menschheit.

Falls sie in naher Zukunft endlich zu Wort kommt, wird auch die verbotene Tür, von der im ersten Kapitel die Rede war, ganz von selbst aufspringen. Staunende Kinder dürfen dann ohne Scheu in das Raritätenkabinett der männlichen Obsessionen spähen. Freundliche Lehrerinnen werden bereitwillig Auskunft erteilen über das allwissende göttliche Auge und den Teufel in der Hölle, die bischöflichen Insignien und die Kronen der Könige, die Uniformen von Generälen, den Judenstern.

Und das alles war für die Leute einmal wichtig? werden die Kinder fragen.

Ja, sehr wichtig, wird die Lehrerin antworten.

Anmerkungen und Literatur

1 GEORGES BATAILLE, Der heilige Eros, Frankfurt 1979, 248

2 A. a.O. 183. Zum Blaubartmotiv vgl. ULRIKE BLASCHEK (HRSG.), Märchen vom Blaubart, Frankfurt 1989

3 RICARDA S., Satanspriesterin. Meine Erlebnisse bei der schwarzen Sekte, Frankfurt 1989, 87

4 Vgl. FRANZ-XAVER KAUFMANN, Religion und Modernität, Tübingen 1989

5 PIER PAOLO PASOLINI, Freibeuterschriften, Berlin 1978, 45

6 A. a.O. 981.

7 Vgl. ADOLF HOLL, Mystik für Anfänger, Reinbek 1979, 38

8 Vgl. dtv-Lexikon der Antike, Religion und Mythologie, Band 1, München 1970, 208f., Stichwort »Demeter«

9 Vgl. HANS PETER DUERR, Sedna oder die Liebe zum Leben, Frankfurt 1984, 194–200

10 IVAN ILLICH, Genus. Zu einer historischen Kritik der Gleichheit, Reinbek 1983, 79

11 A. a.O., 194f.

12 A. a.O., 210

13 Vgl. a. a.O., 224f.

14 ADOLF HOLL, Religionen, Stuttgart 1981, 102

15 WENDY D. O'FLAHERTY, Siva. The Erotic Ascetic, Oxford 1981

16 Vgl. FELICITAS D. GOODMAN, Ecstasy, Ritual and Alternate Reality. Religion in an Pluralistic World, Bloomington and Indianapolis 1988, 126f.

17 Vgl. MAX MARWICK (HRSG.), Witchcraft and Sorcery, Harmondsworth 1970, 38 f.

18 A. a.O., 46–48

19 Vgl. MANFRED HAMMES, Hexenwahn und Hexenprozesse, Frankfurt 1977

20 HANS PETER DUERR, Traumzeit, Frankfurt 1978

21 ROLF GEHLEN/BERND WOLF (HRSG.), Der gläserne Zaun, Frankfurt 1983

22 DUERR, Traumzeit, a. a.O., 61

23 A. a.O., 47f.

24 KEITH THOMAS, Religion and the Decline of Magic, Harmondsworth 1984

25 THOMAS HAUSCHILD, Der böse Blick. Ideengeschichtliche und sozialpsychologische Untersuchungen, Berlin 1982, 7

26 GEORGE M. FOSTER, Peasant Society and the Image of Limited Good, in: American Anthropologist 67, 293–315

27 Vgl. dazu HAUSCHILD, Der böse Blick, a.a.O., 59–89, wo weitere sozialwissenschaftliche Erklärungsversuche für das Phänomen des bösen Blicks referiert werden

28 RYSZARD KAPUŚCIŃSKI, König der Könige, Köln 1984, 137

29 JOACHIM MATTHES, Religion und Gesellschaft. Einführung in die Religionssoziologie, Band I, Reinbek 1967, 75

30 DEMOSTHENES SAVRAMIS, Säkularisierung: Mythos oder Realität, in: Österreichische Zeitschrift für Soziologie 11 (1986) 3, 37

31 EDUARD WINTER, Bernard Bolzano, Wien 1967, 13

32 JEAN-PAUL SARTRE, Der Idiot der Familie, Reinbek 1977, 8. Zur internationalen Religionswissenschaft vgl. HUBERT CANCIK/BURKHARD GLADIGOW/MATTHIAS LAUBSCHER (HRSG.), Handbuch religionswissenschaftlicher Grundbegriffe, Band 1, Stuttgart 1988

33 Schott Messbuch. Die neuen Lesungen an den Festen der Heiligen, Freiburg 1974, 545–549

34 Vgl. JOSEF ANDREAS JUNGMANN, Missarum Solemnia. Eine genetische Erklärung der römischen Messe, Wien 1948, Band 1, 370–386

35 LEWIS MUMFORD, Mythos der Maschine. Kultur, Technik und Macht, Frankfurt 1977, 200f. – Vgl. dazu auch: JULIAN JAYNES, Der Ursprung des Bewusstseins durch den Zusammenbruch der bikameralen Psyche, Reinbeck 1988

36 Vgl. ERICH FROMM, Anatomie der menschlichen Destruktivität, Stuttgart 1974, 135–148

37 ADOLF HOLL, Religionen, a.a.O.

38 MAX WEBER, Gesammelte Aufsätze zur Religionssoziologie, Band 1, Tübingen 1963, 268f.

39 A.a.O., 249f.

40 A.a.O., 269–271

41 A.a.O., 271–273

42 A.a.O., 270

43 Zitiert nach: KURT LENK (HRSG.), Ideologie. Ideologiekritik und Wissenssoziologie, Neuwied 1961, 20

44 Zitiert nach: JUSTUS FRANZ WITTKOPP, Bakunin, Reinbek 1974, 94

45 JOACHIM WACH, Religionssoziologie, Tübingen 1951, 416f. Zum Thema Tempelwirtschaft und Priesterwesen in der archäologischen Forschung vgl. JOST HERBIG, Nahrung für die Götter, München 1988

46 THOMAS MANN, Joseph und seine Brüder, Band 2, Frankfurt 1971, 566

47 J.J. BACHOFEN, Mutterrecht und Urreligion, Stuttgart 1954, zitiert nach: Fromm, Anatomie, a.a.O., 142

48 Vgl. z.B. MARY DALY, Jenseits von Gottvater, Sohn & Co., München 1980

49 DUERR, Sedna, a.a.O.

50 A.a.O., 231 f.

51 Vgl. Bild der Wissenschaft 4/1987, 100
52 WALTER KRICKEBERG/HERMANN TRIMBORN/WERNER MÜLLER/OTTO ZERRIES, Die Religionen des alten Amerika, Stuttgart 1961, 53
53 ELLEGARD JENSEN, Mythos und Kult bei den Naturvölkern, Wiesbaden 1960
54 JAMES GEORGE FRAZER, Der goldene Zweig, Frankfurt 1977, XXV
55 A.a.O., 1f.
56 FRIEDRICH NIETZSCHE, Zur Genealogie der Moral, in: Nietzsche Studienausgabe, HRSG. VON HANS HEINZ HOLZ, Band 4, Frankfurt 1968, 121 und 129
57 Eine gute Zusammenfassung bietet E. R. DODDS, Heiden und Christen in einem Zeitalter der Angst, Frankfurt 1985
58 WACH, Religionssoziologie, a.a.O., 158f.
59 Vgl. FELICITAS D. GOODMAN/JEANETTE H. HENNEY/ESTHER PRESSEL, Trance, Healing and Hallucination, New York 1974, 231
60 WESTON LA BARRE, The Ghost Dance: Origins of Religion, New York 1970
61 GOODMAN u. a., Trance, a.a.O., 303f. (meine Übersetzung)
62 Zu den letzteren vgl. BRYAN WILSON, Magic and the Millenium, Religious Movements of Protest among Tribal and Third World Peoples, London 1973; JAMES A. BECKFORD (HRSG.), New Religious Movements and Rapid Social Change, London 1986
63 BRYAN WILSON, Religion in Sociological Perspective, Oxford 1982, 147
64 Vgl. ELAINE PAGELS, Versuchung durch Erkenntnis, Frankfurt 1981
65 Eine erste Information bietet WALTER NIGG, Das Buch der Ketzer, Zürich 1986; vgl. auch SHULAMIT SHAHAR, Die Frau im Mittelalter, Frankfurt 1986, besonders Kapitel 3 »Beterinnen«, 36–75
66 Vgl. HUBERT FICHTE, Lazarus und die Waschmaschine, Frankfurt 1985, 7–58
67 Vgl. ERNST TROELTSCH, Soziallehren der christlichen Kirchen und Gruppen, Tübingen 1912
68 GERHARD LENSKI, The Religious Factor: A Sociological Study of Religion's Impact on Politics, Economics and Family Life, New York 1961, dt. Köln 1967
69 Vgl. CHARLES Y. GLOCK/BENJAMIN B. RINGER/EARL R. BABBIE, To Comfort and To Challenge, Berkeley 1967; URSULA BOOS-NÜNNING, Dimensionen der Religiosität, München 1972
70 Boos-Nünning, Dimensionen, a.a.O., 115
71 Vgl. MILTON ROKEACH, The Open and Closed Mind, New York 1960; zur Kritik des theoretischen Ansatzes von Rokeach vgl. KLAUS ROGHMAN, Dogmatismus und Autoritarismus, Meisenheim 1966
72 ROGHMAN, Dogmatismus, a.a.O., 314

73 TIME vom 4. Dezember 1978 (meine Übersetzung)
74 MARSHALL KILDUFF/RON JAVERS, The Suicide Cult, New York 1978, XIV (meine Übersetzung)
75 TIME vom 4. Dezember 1978
76 Nietzsche-Studienausgabe, a.a.O., 111. Eine ausführliche Auseinandersetzung mit dem Keuschheitskomplex habe ich in ADOLF HOLL, Der Fisch aus der Tiefe oder Die Freuden der Keuschheit, Reinbek 1990, versucht.
77 CARL A. MOUNTEER, Guilt, Martydom and Monasticism, in: The Journal of Psychohistory 9 (1981), 145–171
78 HOWARD CLARK KEE, Das frühe Christentum in soziologischer Sicht, Göttingen 1982. – Vgl. auch RODNEY STARK, Der Aufstieg des Christentums, Weinheim 1997
79 KURT NIEDERWIMMER, Askese und Mysterium, Göttingen 1975, 10. – Vgl. dazu PATER BROWN, Die Keuschheit der Engel, München 1994
80 Die deutsche Übersetzung des griechischen »parthenos« mit »Jungfrau« ist deshalb missverständlich, weil das griechische Wort für Frauen und Männer gebraucht wurde.
81 Vgl. OTTO ZÖCKLER, Askese und Mönchtum, Band 1, Frankfurt 1897, 183–211; BERNHARD LOHSE, Askese und Mönchtum in der Antike und in der Alten Kirche, München 1969, 189; eine neuere Zusammenfassung des Standes der historischen Forschung des frühen christlichen Mönchtums bietet HUBERT JEDIN (HRSG.), Handbuch der Kirchengeschichte, Band 2/1, Freiburg 1973, 332–388. – Vgl. ferner Aline Rousselle, Der Ursprung der Keuschheit, Stuttgart 1989
82 Vgl. MICHAEL WOLFF, Geschichte der Impetustheorie, Frankfurt 1978, 90–95
83 WEBER, Gesammelte Aufsätze, a.a.O., 116
84 Vgl. MUMFORD, Mythos, a.a.O., 302
85 Zitiert nach: MUMFORD, Mythos, a.a.O., 308
86 ERVING GOFFMAN, Asyle. Über die soziale Situation psychiatrischer Patienten und anderer Insassen, Frankfurt 1977, 16. – Vgl. auch HUBERT TREIBER – HEINZ STEINERT, Die Fabrikation des zuverlässigen Menschen, München 1980
87 WEBER, Gesammelte Aufsätze, a.a.O., 163
88 Vgl. MICHEL FOUCAULT, Überwachen und Strafen, Frankfurt 1977; ders., Wahnsinn und Gesellschaft, Frankfurt 1969
89 Vgl. TALCOTT PARSONS, Societies. Evolutionary and Comparative Perspektives, Englewood Cliffs 1966
90 Zur weiten Verbreitung des Feudalsystems vgl. ERIC HOBSBAWM, Vom Feudalismus zum Kapitalismus, in: RODNEY HILTON (HRSG.), Der Übergang vom Feudalismus zum Kapitalismus, Frankfurt 1978, 215. Alle Beiträge dieses Buches beschäftigen sich im übrigen mit der

Kernfrage Webers, warum ausgerechnet der europäische Feudalismus zum Kapitalismus mutierte.

91 Kurt Schmitd (Hrsg.), Buddhas Reden, Reinbek 1961, 232

92 Ignatius von Loyola, Die Exerzitien, Einsiedeln 1962, 15

93 Vgl. Duerr, Sedna, a. a.O., 257

94 Vgl. Hans Wolfgang Schumann, Buddhismus, Olten 1978, 41

95 Vgl. Werner Eichhorn, Die Religionen Chinas, Stuttgart 1973, 195

96 Georges Duby, Krieger und Bauern. Die Entwicklung von Wirtschaft und Gesellschaft im frühen Mittelalter, Frankfurt 1977

97 Vgl. Gerhard Rohlfs (Hrsg.), Sankt Alexius, Tübingen 1953

98 Im weiteren Sinn des Wortes, vgl. dazu Rudolf Wolfgang Müller, Geld und Geist. Zur Entstehungsgeschichte von Identitätsbewusstsein und Rationalität seit der Antike, Frankfurt 1977

99 Jack Kerouac, On the Road, Harmondsworth 1981, 164

100 Vgl. Adolf Dittrich, Ätiologie-unabhängige Strukturen veränderter Wachbewusstseinszustände, Stuttgart 1985

101 Max Weber, Gesammelte Aufsätze, a. a.O., 250

102 Vgl. Dittrich, a.a.O., 214

103 Der syrische Text mit englischer Obersetzung findet sich in: Patrologia Orientalis 19 (1925), 164–179

104 Rudolph M. Bell, Holy Anorexia, Chicago 1985

105 Rosemary Curb/Nancy Manahan (Hrsg.), Die ungehorsamen Bräute Christi, München 1986

106 A. a.O., 254

107 Max Weber, Wirtschaft und Gesellschaft, Tübingen 1976, 308

108 Umberto Eco, Der Name der Rose, München 1982, 238f.

109 Vgl. Herbert Grundmann, Ketzergeschichte des Mittelalters, in: Die Kirche in ihrer Geschichte, Band 2, Lieferung G, Göttingen 1967, 22. – Vgl. Adolf Holl (Hrsg.), Die Ketzer, Hamburg 1994

110 Vgl. Jean Duvernoy, Le Catharisme, Band 1, Toulouse 1976, 302–304

111 Jürgen Habermas, Zur Rekonstruktion des Historischen Materialismus, Frankfurt 1976, 274

112 Vgl. Ernst Werner, Häresie und Gesellschaft im 11. Jahrhundert. Sitzungsberichte der sächsischen Akademie der Wissenschaften zu Leipzig. Philologisch-historische Klasse, Band 117, Heft 5, Berlin 1975, 23–25

113 Vgl. Malcolm D. Lambert, Ketzerei im Mittelalter. Häresien von Bogumil bis Hus, München 1981, 31

114 Lambert, Ketzerei, a. a.O., 33; der Zar hieß Peter und regierte von 927 bis 969 ein bulgarisches Reich auf dem Balkan

115 Das Standardwerk zur Gnosis ist: Kurt Rudolph, Die Gnosis. Wesen und Geschichte einer spätantiken Religion, Göttingen 1980

116 ELIAS CANETTI, Das Geheimherz der Uhr, München 1987
117 DER SPIEGEL 27/1987
118 HERBERT NETTE, Friedrich II. von Hohenstaufen, Reinbek 1975, 62 f.
119 Zitiert nach: HUBERT JEDIN (HRSG.), Handbuch der Kirchengeschichte, Band III/2, Freiburg 1968, 269
120 MICHEL FOUCAULT, Sexualität und Wahrheit, Band 1, Frankfurt 1977, 75–77
121 Zitiert nach: LOTHAR BAIER, Die große Ketzerei, Berlin 1984, 183; vgl. dazu auch: EMMANUEL LE ROY LADURIE, Montaillou. Ein Dorf vor dem Inquisitor, Frankfurt 1983
122 Vgl dazu ADOLF HOLL, Der letzte Christ, Stuttgart 1979, 350–355
123 Virginia Bill of Rights 1776, Virginia Statute of Religious Liberty 1785, Constitution 1787
124 RUFUS M. JONES, Mysticism and Democracy in the English Commonwealth, New York 1965
125 Vgl. PETER SEGL, Ketzer in Österreich, Paderborn 1984
126 Vgl. GUSTAV REINGRABNER, Die Verfolgung der österreichischen Protestanten während der Gegenreformation, in: ERICH ZÖLLNER (HRSG.), Wellen der Verfolgung in der österreichischen Geschichte, Wien 1986, 52–69
127 GUY E. SWANSON, Religion and Regime, Ann Arbor 1967
128 WEBER, Gesammelte Aufsätze, a. a.O.
129 Vgl. KARL KAUTSKY, Vorläufer des neueren Sozialismus, Berlin 1976
130 Vgl. dazu GEORGES BATAILLE, Der heilige Eros, a. a.O.; ROGER CAILLOIS, Der Mensch und das Heilige, München 1988
131 MICHEL LEIRIS, Die eigene und die fremde Kultur, Frankfurt 1977, 228
132 RUDOLF OTTO, Das Heilige, München 1979; vgl. dazu jetzt DIETMAR KAMPER/CHRISTOPH WULF (HRSG.), Das Heilige. Seine Spur in der Moderne, Frankfurt 1987
133 Zitiert nach JOHANNES HESSEN, Religionsphilosophie, Band 1, München 1955
134 OTTO, Das Heilige, a. a.O., 76
135 A. a.O., 13
136 A. a.O., 42
137 Vgl. GARSTEN COLPE, Die wissenschaftliche Beschäftigung mit »dem Heiligen« und »das Heilige« heute, in: KAMPER/WULF, Das Heilige, a. a.O., 53f.
138 A. a.O., 38–41
139 SIGMUND FREUD, Totem und Tabu, in: Studienausgabe Band 9, Frankfurt 1974, 424–426
140 SIGMUND FREUD, Der Mann Moses und die monotheistische Religion, in: Studienausgabe Band 9, a. a.O., 567

141 A. a.O., 165
142 A. a.O., 503
143 A. a.O.
144 Vgl. zum Beispiel THOMAS F. O'DEA, The Sociology of Religion, Englewood Cliffs 1966, 31–33
145 NIKLAS LUHMANN, Funktion der Religion, Frankfurt 1982
146 RENÉ GIRARD, Das Heilige und die Gewalt, Zürich 1987; Das Ende der Gewalt, Freiburg 1983; Der Sündenbock, Einsiedeln 1988
147 GIRARD, Ende der Gewalt, a. a.O., 202
148 A. a.O., 43
149 GIRARD, a. a.O., 58
150 GIRARD, a. a.O., 52
151 A. a.O., 56
152 A. a.O., 65
153 Vgl. FRITJOF CAPRA, Wendezeit, Bern 1983
154 Vgl. KEN WILBER, Halbzeit der Evolution, Bern 1984
155 Vgl. CARLOS CASTANEDA, Die Lehren des Don Juan, Frankfurt 1973
156 Vgl. MARILYN FERGUSON, Die sanfte Verschwörung. Persönliche und gesellschaftliche Transformation im Zeitalter des Wassermanns, München o.J.
157 Vgl. dazu FELICITAS D. GOODMAN, Wo die Geister auf den Winden reiten. Trancereisen und ekstatische Erlebnisse, Freiburg 1989
158 Vgl. HERBERT RÖTTGEN/FLORIAN RABE, Vulkantänze, München 1978
159 Ich folge der »ersten offiziellen Darstellung« des Kanonikus OTTAVIO MUSUMECI, Die Muttergottes von Syrakus hat geweint, Wiesbaden 1955
160 CARL GUSTAV JUNG, Zur Psychologie östlicher und westlicher Religion, Zürich 1963, 495
161 L. GONZAGA DA FONSECA, Maria spricht zur Welt, Innsbruck 1953
162 Vgl. dazu RENE LAURENTIN/LJUDEVIT RUČPIČ, Das Geschehen von Medjugorje, Graz 1985
163 RENE LAURENTIN/HENRI JOYEUX, Medizinische Untersuchungen in Medjugorje, Graz 1986
164 HANS PETER DUERR (HRSG.), Der Wissenschaftler und das Irrationale, Frankfurt 1981
165 MARINA WARNER, Maria. Geburt, Triumph, Niedergang, Rückkehr eines Mythos, München 1982, 15
166 Zit. nach JOHANNES THIELE, Madonna mia. Maria und die Männer, Stuttgart 1990, 54

Quellennachweis

S. 22/23: aus: Pier Paolo Pasolini, Freibeuterschriften © 1978 Verlag Klaus Wagenbach Berlin (S. 45)

S. 28: aus: Ivan Illich: Genus, Beck'sche Reihe Nr. 1105, Verlag C. H. Beck, München

S. 34/35: aus: Hans Peter Duerr: Traumzeit. Über die Grenzen zwischen Wildnis und Zivilisation © Suhrkamp Verlag, Frankfurt 1985, S. 47f. u. 61

S. 36: aus: Thomas Hauschild: Der böse Blick. Ideengeschichtliche und sozialpsychologische Untersuchungen. © by Thomas Hauschild

S. 40: aus: Ryszard Kapuściński, König der Könige. Eine Parabel der Macht © Eichborn AG, Frankfurt am Main, März 1994, S. 137, 167

S. 41/42: aus: Joachim Matthes, Religion und Gesellschaft. Kirche und Gesellschaft. Einführung in die Religionssoziologie. Band I, S. 75 © by Joachim Matthes

S. 42: aus: Österreichische Zeitschrift für Soziologie 11 © VS – Verlag für Sozialwissenschaften, Wiesbaden 1986, 3, S. 37

S. 44: Eduard Winter: Bernard Bolzano. Ein Lebensbild. In: Bernard Bolzano Gesamtausgabe. Hg. von E. Winter, J. Berg, F. Kambartel, B. v. Rootselaar. Einleitungsband. Erster Teil: Biographie. Stuttgart – Bad Cannstatt: Friedrich Frommann Verlag (Günther Holzboog) 1969

S. 47/48: zitiert aus: Lewis Mumford, Mythos der Maschine. Kultur, Technik und Macht. Frankfurt 1977, S. 200 f. © Europaverlag Wien 1974

S. 52/53: aus: Max Weber, Gesammelte Aufsätze zur Religionssoziologie © JCB Mohr Verlag Siebeck, Tübingen 1963, Band I., S. 268f.

S. 58: aus: Fjodor M. Dostojewski: Der Großinquisitor. Ü.: Wolfgang Kasack © Insel Verlag 2003

S. 62: aus: Thomas Mann: Joseph und seine Brüder, Band 2 © S. Fischer Verlag, Frankfurt 1971, S. 566

S. 63: aus: Johann Jakob Bachofen, Mutterrecht und Urreligion, herausgegeben von Hans G. Kippenberg, Kröners Taschenbuchausgabe, Band 52, 6. Aufl. 1984, S. 90, Alfred Kröner Verlag, Stuttgart

S. 67: aus: Walter Krickeberg, H. Trimborn, W. Müller, O. Zerries, Die Religionen des alten Amerika © W. Kohlhammer GmbH 1961, S. 53

S. 68/69: zitiert aus: »Der goldene Zweig« von James George Frazer. Deutsch von Helen Bauer © 1968 by Kiepenheuer & Witsch Köln. Papermac/Macmillan Press Ltd., London 1987

S. 60/61: aus: Joachim Wach, Religionssoziologie. © JCB Mohr Verlag Siebeck, Tübingen 1951, S. 416f.

S.78/79: aus: Joachim Wach, Religionssoziologie. © JCB Mohr Verlag Siebeck, Tübingen 1951, S. 158f.

S. 86: aus: Dimensionen, S. 115, © by Ursula Boos-Nünning

S. 88: aus: Klaus Roghmann: Dogmatismus und Autoritarismus. Kritik der theoretischen Ansätze und Ergebnisse dreier westdeutscher Untersuchungen. © Verlag Anton Hain, Meisenheim am Glan 1966, S. 314

S. 103: aus: Max Weber, Gesammelte Aufsätze zur Religionssoziologie © JCB Mohr Verlag Siebeck, Tübingen 1963, Band I., S. 163

S. 105: aus: Buddhas Reden, Deutsche Übersetzung von Kurt Schmid, Copyright © 1961 by Rowohlt Verlag GmbH, Reinbek b. Hamburg, S. 232

S. 105/106: aus: Ignatius von Loyola, Die Exerzitien. Aus dem Spanischen übertragen von Hans Urs von Balthasar, Johannes Verlag Einsiedeln, Freiburg (13) 2005, S. 17f.

S. 112: aus: Curb, Rosemary/Manaham, Nancy: Die Ungehorsamen Bräute Christi, Deutsche Übersetzung von Hanna Kowitzke, Copyright © The Naiad Press, Tallahasse, © 1996 der deutschen Ausgabe by Kindler Verlag, München, S. 254

S. 116: aus: Sigmund Freud, Die Traumdeutung. © S. Fischer Verlag, Frankfurt

S. 117/118: aus: Max Weber, Wirtschaft und Gesellschaft © JCB Mohr Verlag Siebeck, Tübingen 1976, S. 308

S. 119: aus: Umberto Eco: Der Name der Rose. Roman. Aus dem Italienischen von Burkhart Kroeber © 2004 Carl Hanser Verlag, München – Wien, S. 238f.

S. 120: aus: Jürgen Habermas, Zur Rekonstruktion des Historischen Materialismus © Suhrkamp Verlag, Frankfurt 1976, S. 274

S. 123: aus: Herbert Nette: Kaiser Friedrich II. Der Wegbereiter der Renaissance, Velhagen & Klasing Verlag, Bielefeld-Leipzig 1929, S. 90f.

S. 124: entnommen aus: Hubert Jedin (Hg.), Handbuch der Kirchengeschichte © Verlag Herder, Freiburg im Breisgau, 1999, S. 269

S. 124/125: aus: Michel Focault, Sexualität und Wahrheit © Suhrkamp Verlag, Frankfurt 1977, Band 1, S. 75

S. 126: aus: Lothar Baier, Die große Ketzerei © 1984 Verlag Klaus Wagenbach Berlin (S. 183)

S. 132: aus: Michael Leiris: Die eigene und die fremde Kultur. © Syndikat Verlag Frankfurt 1977, S. 232

S. 134: aus: Johannes Hessen: Religionsphilosophie, 1. Band: Methoden und Gestalten der Religionsphilosophie © Ernst Reinhardt Verlag München/Basel, 2. Auflage 1955, S. 284

S. 135: aus: Rudolf Otto: Das Heilige. Über das Irrationale in der Idee des Göttlichen und sein Verhältnis zum Rationalen, Beck'sche Reihe Nr. 328, Verlag C. H. Beck, München

S. 140/141: aus: Sigmund Freud: Der Mann Moses und die monotheistische Religion, Studienausgabe Band 9 © S. Fischer Verlag, Frankfurt, S. 567 und S. 165